Eu
posso
estar
errado

Eu posso estar errado

BJÖRN NATTHIKO LINDEBLAD
CAROLINE BANKLER • NAVID MODIRI

Tradução
Natalie Gerhardt

Copyright © 2020 por Björn Natthiko Lindeblad, Caroline Bankler
& Navid Modiri
Publicado mediante acordo com Salomonsson Agency
Traduzido da versão inglesa *I May Be Wrong*

TÍTULO ORIGINAL
Jag kan ha fel

PREPARAÇÃO
Gabriela Peres

REVISÃO
Juliana Pitanga
Juliana Souza

DIAGRAMAÇÃO
Ilustrarte Design

DESIGN DE CAPA
David Mann

CIP-BRASIL. CATALOGAÇÃO NA PUBLICAÇÃO
SINDICATO NACIONAL DOS EDITORES DE LIVROS, RJ

L722p

Lindeblad, Björn Natthiko, 1961-2022
Eu posso estar errado / Björn Natthiko Lindeblad, Caroline
Bankler, Navid Modiri ; tradução Natalie Gerhardt. - 1. ed. - Rio de
Janeiro : Intrínseca, 2022.
192 p. ; 21 cm.

Tradução de: Jag kan ha fel.
ISBN 978-65-5560-546-4

1. Lindeblad, Björn Natthiko, 1961-2022. 2. Budismo. 3. Budistas - Biografia. I. Bankler, Caroline. II. Modiri, Navid. III. Gerhardt,
Natalie. IV. Título.

22-79165
CDD: 294.3092
CDU: 929:24-722

Gabriela Faray Ferreira Lopes - Bibliotecária - CRB-7/6643

[2022]
Todos os direitos desta edição reservados à
Editora Intrínseca Ltda.
Rua Marquês de São Vicente, 99, 6º andar
22451-041 — Gávea
Rio de Janeiro — RJ
Tel./Fax: (21) 3206-7400
www.intrinseca.com.br

Sumário

Prólogo	7
1. Consciência	9
2. Bem-sucedido, mas insatisfeito	11
3. Respire mais, pense menos	17
4. *Os irmãos Karamázov*	21
5. Minha chegada ao mosteiro	26
6. Não acredite em cada pensamento seu	31
7. Mãe, vou me tornar um monge da floresta	35
8. Natthiko, "aquele que cresce em sabedoria"	39
9. A inteligência do momento	46
10. A comunidade excêntrica	50
11. O ritmo de um mosteiro da floresta	54
12. Sabedoria kitsch	64
13. O mantra mágico	70
14. Pode ser que sim, pode ser que não	75
15. Fantasmas, ascetismo e luto	80
16. Sofrimento psicológico autoinfligido	86
17. Quantas latas de Pepsi um eremita consegue tomar?	89
18. Punho cerrado, mão aberta	96

19. Vai arranjar um emprego, idiota! 100

20. Não se esqueça de abrir espaço para milagres 103

21. A única certeza que existe 107

22. Meus quadris não mentem 113

23. Mas eu sou o monge que nunca duvidou 116

24. Carta de despedida 120

25. Escuridão 124

26. Isso também há de passar 128

27. Tudo começa por você 133

28. A vida de calça comprida 137

29. O significado da vida é encontrar o seu dom e usá-lo 142

30. Quem confia alcança 145

31. A notícia 148

32. É assim que termina? 152

33. Tudo será tirado de você 156

34. Seja aquilo que você deseja ver no mundo 161

35. Pai 169

36. Perdão 175

37. Da superficialidade à sinceridade 181

38. É aqui que termina 183

Agradecimentos 189

Prólogo

Depois de deixar para trás minha vida como monge e voltar à Suécia, fui entrevistado para um jornal. Queriam saber mais sobre as escolhas um tanto inusitadas que fiz em minha vida. Por que um empresário bem-sucedido abriria mão de suas posses, rasparia o cabelo e se isolaria no meio de uma floresta para morar com um bando de estranhos? Depois de um tempo de conversa, o entrevistador me fez a pergunta de ouro:

— Qual foi o aprendizado mais importante durante os dezessete anos que você passou como monge budista da floresta?

A pergunta me deixou nervoso e sem jeito. Eu precisava dizer algo, mas não queria responder qualquer coisa.

O jornalista sentado diante de mim não parecia o tipo de pessoa interessada em espiritualidade. Sem dúvida ficou chocado ao saber de tudo de que abdiquei como monge. Afinal, eu vivi sem dinheiro, sem sexo ou masturbação, sem televisão ou livros, sem bebidas alcoólicas, sem família, sem feriados, sem as facilidades da vida moderna e sem poder escolher quando ou o que comer.

Por dezessete anos.

Por livre e espontânea vontade.

E o que ganhei com isso?

Ser honesto era importante para mim. Eu queria que minha resposta refletisse a verdade absoluta, da maneira como eu a enxergava. Por isso voltei o olhar para dentro, e logo a resposta surgiu de algum lugar tranquilo em mim:

O que mais valorizo desses dezessete anos de imersão no meu treinamento espiritual foi ter deixado de acreditar em cada pensamento meu. Essa descoberta é o meu superpoder.

E a melhor parte é que todos podem ter esse superpoder. Até mesmo você. Se você o perdeu ao longo do caminho, espero ajudá-lo na jornada de redescoberta.

É um baita privilégio ter tantas oportunidades de compartilhar o que aprendi durante os anos de empenho contínuo no meu crescimento espiritual e pessoal. Tais oportunidades acabam sendo profundamente significativas. Fui agraciado com muitas coisas que me ajudaram, que facilitaram minha vida, que me possibilitaram ser eu mesmo. Com sorte, este livro trará algo que possa ajudar você. Alguns desses insights foram essenciais para mim. Principalmente nos últimos dois anos, quando me vi diante da Morte bem mais cedo do que eu gostaria. Talvez seja aqui que tudo acaba. Mas talvez também seja onde tudo começa.

UM

Consciência

Tenho oito anos de idade. Como de costume, sou o primeiro a acordar. Perambulo pela casa dos meus avós em uma ilha no subúrbio de Karlskrona, sudeste da Suécia, enquanto espero meu irmão Nils acordar. Paro diante da janela da cozinha. De repente, a agitação dentro de mim silencia. Tudo se aquieta. A torradeira cromada no parapeito da janela é tão linda que perco o fôlego. O tempo para. Tudo parece brilhar. Algumas nuvens sorriem para mim no céu azul matinal. A bétula lá fora balança suas folhas em um aceno. Para onde quer que eu olhe, vejo beleza.

Provavelmente na época não expressei a experiência com palavras, mas gostaria de tentar agora. Foi como se o mundo estivesse sussurrando: *"Bem-vindo ao seu lar."* Pela primeira vez, eu me senti completamente em casa neste planeta. Eu estava presente no aqui e agora, sem pensar em nada. Meus olhos marejaram, e meu peito se aqueceu com o que hoje eu chamaria de *gratidão*. Logo depois veio a esperança de que aquele sentimento durasse para sempre ou, pelo menos, um longo tempo. Não durou, é claro. Mas eu nunca me esqueci daquela manhã.

Nunca me senti totalmente confortável com a expressão *atenção plena*. Não sinto minha mente *plena* quando estou vivendo o momento. Ela está mais para uma área ampla, vazia e acolhedora, com espaço de sobra para tudo e para todos. Presença consciente. Parece difícil, o oposto de estar relaxado. Por esse motivo, prefiro usar uma palavra diferente: *consciência*. Nós nos tornamos conscientes, continuamos conscientes e estamos conscientes. Foi a minha *consciência* que aflorou naquela manhã tranquila ao lado da torradeira em Karlskrona. É como se apoiar em algo macio. Os pensamentos, os sentimentos, as sensações físicas... tudo passa a ser *exatamente* como é. Isso nos torna um pouco maiores. Notamos coisas ao nosso redor que não tínhamos notado antes. É uma sensação íntima. Como um amigo invisível que está sempre ao nosso lado.

Nem preciso dizer que o seu grau de presença afeta a forma como você se relaciona com os outros. Todos sabemos como é estar com alguém que não está presente. Existe sempre aquela sensação incômoda de que falta alguma coisa. Percebo isso com mais evidência sempre que encontro crianças pequenas. Elas não se impressionam tanto com as nossas habilidades analíticas, mas conseguem perceber claramente se estamos presentes ou não. Sabem direitinho quando estamos fingindo ou quando nosso pensamento está longe. O mesmo acontece com os animais. Quando estamos presentes, ou melhor, quando não estamos hipnotizados por cada pensamento que surge na nossa cabeça, as pessoas acham nossa presença mais agradável. Elas nos concedem sua confiança. Elas nos concedem sua atenção. Nós nos conectamos com o mundo à nossa volta de uma forma completamente diferente. Isso já é de seu conhecimento, é claro, e pode parecer trivial. Ainda assim, muitos de nós esquecem. É tão fácil cair na armadilha de parecer inteligente e causar boa impressão que acabamos esquecendo que a sinceridade pode nos levar ainda mais longe.

DOIS

Bem-sucedido, mas insatisfeito

Eu me formei na escola com boas notas e pude escolher a universidade que queria, mas não tinha um plano claro para o futuro. Adotei uma abordagem bem casual em relação à faculdade e me inscrevi para uma porção de cursos. Naquele mês de agosto, calhou de eu estar em Estocolmo bem na época das provas de admissão para a Stockholm School of Economics, a faculdade de economia local. Era o caminho que meu pai tinha escolhido: finanças, economia, grandes empresas. Então, fui fazer as provas, um dia inteiro de questões difíceis. Eu me saí bem e, alguns meses depois, recebi uma carta informando que tinha sido aprovado. Perdido como estava, achei que não custaria nada me matricular. O curso de economia é sempre útil; abre muitas portas. Ou foi o que me disseram. É bem provável, no entanto, que eu só tenha aceitado a vaga na Stockholm School of Economics porque meu pai ficaria muito orgulhoso.

Concluí minha graduação na primavera de 1985, aos 23 anos. O mercado de trabalho na Suécia estava próspero. As empresas nos recrutavam direto das universidades, mesmo antes da formatura. Em um fim de tarde ensolarado de maio, fui a um restaurante chique na Strandvägen, uma avenida no centro de Estocolmo. Estava acompanhado de um banqueiro de investimentos mais velho, que me entrevistaria para uma vaga de emprego durante o jantar. Eu me esforcei para comer e parecer inteligente ao mesmo tempo, o que sempre foi um desafio para mim. Quando o jantar e a entrevista chegaram ao fim, trocamos um aperto de mão, e o banqueiro disse:

— Veja bem, eu tenho quase certeza de que você vai ser convidado para ir à sede em Londres para mais entrevistas. Mas posso dar um conselho?

— Claro.

— Quando chegar à próxima rodada de entrevistas com meus colegas em Londres, tente parecer um pouco mais interessado na vaga.

Eu entendi o que ele quis dizer, é claro, mas fiquei chocado por ter levado aquele puxão de orelha. Na época, como muitos colegas, eu era um jovem em busca da vida adulta. Com frequência isso implica jogar com as cartas que se tem na mão. Às vezes, era necessário representar um papel, fingir estar mais interessado em algo do que realmente estava. Naquele dia, não representei bem o papel, mas as coisas deram certo mesmo assim. Recebi outras propostas de emprego e, em pouco tempo, já estava avançando na carreira.

Uns dois anos depois, em uma tarde de domingo em maio, eu estava deitado em um sofá vermelho e áspero da Ikea que tinha vindo direto da Suécia, com a brisa quente do mar entrando pela janela. Trabalhava em uma grande corporação internacional e tinha sido transferido para o escritório da Espanha. A empresa me fornecera um carro. Uma secretária. Eu só viajava em classe executiva. Tinha uma linda casa com vista para o mar. Dali a dois meses, seria o mais jovem diretor financeiro da subsidiária da AGA. Eu já tinha recebido destaque na revista interna da empresa e parecia, sem sombra de dúvidas, bem-sucedido. Só tinha 26 anos e, para alguém de fora, minha vida era o retrato da perfeição. Mas acho que quase todo mundo que parece bem-sucedido aos olhos dos outros acaba percebendo que isso não é garantia de felicidade.

Sucesso e felicidade são coisas diferentes.

Quem via de fora devia achar que eu soubera jogar as cartas bem. Eu tinha todos os símbolos de sucesso financeiro e profissional. Da faculdade, segui direto para três anos intensos de trabalho em seis países. Mas fiz tudo isso mediante força de vontade e disciplina. Eu estava desempenhando o meu papel, ainda fingindo que me interessava por economia. Dá para levar a vida assim por algum tempo, mas todos sabemos que um dia a força de vontade por si só não será mais suficiente.

Um emprego, ao qual dedicamos várias horas por dia, precisa nutrir e estimular uma parte mais profunda do nosso ser. Esse tipo de nutrição raramente vem do sucesso. Na verdade, surge da sensação de conexão com as outras pessoas do ambiente de trabalho, de relevância das suas tarefas, de que o seu talento está, de alguma forma, fazendo a diferença.

Quanto a mim? Parecia que eu estava brincando de faz de conta quando vestia o terno e pegava a pasta de couro para ir ao trabalho. Eu dava o nó da gravata na frente do espelho, fazia um "joinha" com a mão e dizia para o meu reflexo:

— Hora do show!

Mas minha experiência interior, subjetiva, era: *Eu não estou bem. Não gosto do meu trabalho. Pensar nele me deixa ansioso. Sou assolado por dúvidas 24 horas por dia, sempre me perguntando: "Será que me preparei o suficiente? Será que sou bom o suficiente? Quando vão perceber quem eu sou de verdade? Quando vão se dar conta de que só estou fingindo interesse em economia?"*

Enquanto estava deitado no sofá vermelho, todas aquelas dúvidas pareceram mais insistentes do que o normal. Pensei em tudo que os livros da faculdade me ensinaram: qual é a principal motivação de um economista trabalhando para uma grande empresa? Maximizar os lucros dos acionistas. *O que isso significa para mim? Quem são esses acionistas? Será que já conheci algum? E mesmo que tenha conhecido, por que me interessaria em maximizar os lucros dessa pessoa?*

Naquele momento, minha mente estava tomada por um turbilhão de pensamentos sobre minha lista de afazeres e a semana de trabalho à frente. Eu tinha muitas pendências para resolver, mas não estava nem um pouco a fim. Uma reunião administrativa na qual teria de opinar se devíamos ou não ampliar uma fábrica de ácido carbônico nos arredores de Madri. Um relatório trimestral que eu precisava submeter à sede na Suécia. Em outras palavras, estava sentindo um aperto no peito, um indício claro daquela ansiedade típica das noites de domingo. Imagino que todo mundo esteja familiarizado com essa sensação. Nesse estado mental, é como se cada um dos seus pensamentos passasse por um filtro negativo. Não importa o que você pense, tudo leva à preocupação, à ansiedade, ao desânimo e ao desamparo. Eu me lembro de pensar algo do tipo: *Como posso me ajudar? Estou deitado aqui em uma espiral de pensamentos sombrios. Isso não é nada bom para mim.*

Foi quando me lembrei de um livro que eu tinha lido pouco tempo antes. Três vezes, na verdade. Eu o achava muito denso, então, mesmo depois da terceira leitura, ainda restava a impressão de que só havia entendido entre trinta e quarenta por cento do conteúdo. O título do livro é *Zen e a arte da manutenção de motocicletas.*

O livro não discorre muito sobre Budismo zen. Na verdade, nem mesmo sobre manutenção de motocicletas. Mas é recheado de ideias. E uma das ideias que mais me chamaram a atenção foi: "Aquilo que é pacífico dentro de nós, humanos, aquilo que é calmo e tranquilo, que não é afetado pelos pensamentos que estão sempre presentes ao fundo, é a parte que é valiosa e merece atenção. Que traz recompensas."

Depois de um tempo, eu caí em mim.

Tudo bem, então todos esses pensamentos que surgem agora na minha cabeça estão fazendo com que eu me sinta mal. Bloqueá-los parece impossível. Substituí-los por pensamentos positivos parece artificial. Por acaso devo ficar aqui deitado e fingir que não vejo a hora de participar da reunião?! Isso seria superficial demais. O que eu posso fazer para atingir a calma e deixar de ficar hipnotizado pelos meus próprios pensamentos?

O livro ressalta a importância de encontrar a quietude que todos temos dentro de nós. Mas como eu ia conseguir isso? O que é preciso fazer em termos práticos para alcançar a tranquilidade interior? Apesar de o passo a passo não ter ficado claro, o conceito me atraiu.

Tinha ouvido dizer que meditar era uma das maneiras de alcançar tal tranquilidade. Mas eu também não sabia nada sobre a prática da meditação. Tinha algo a ver com *respiração* — as pessoas que meditavam pareciam se concentrar muito nela. Não devia ser difícil, não é mesmo? Afinal, todo mundo já nasce respirando. Mas também percebi, é claro, que as pessoas que meditavam pareciam se *envolver* com a respiração, *observá-la*, de uma forma que eu não fazia. Mas eu podia muito bem tentar. Valia a pena.

Então, o meu primeiro passo foi começar a acompanhar minha respiração. *A inspiração começa assim. E termina aqui. A expiração começa agora. E termina assim. Pequena pausa.*

Não estou dizendo que foi fácil ou natural para mim. Era uma luta constante manter o foco e impedir que a mente voasse para longe. Mas eu mantive o exercício por dez a quinze minutos, tendo paciência para conduzir a mente de volta à respiração, quantas vezes fossem necessárias, enquanto os pensamentos brotavam: *O que devo dizer naquela reunião de gestão?*; *Será que devo fazer gaspacho para o jantar de novo?*; *Quando será que posso voltar para a Suécia?*; *Por que minha namorada terminou comigo?*

Com o tempo, porém, as coisas acabaram desacelerando um pouco. Não de uma forma extraordinária, religiosa ou mística, mas daquele jeito que tudo se acalma em determinados períodos da semana ou do mês. Foi o suficiente para que eu conseguisse me distanciar do turbilhão de pensamentos e observá-lo de forma crítica, em vez de me debater para não me afogar nele. A pressão no meu peito cedeu de leve. O intervalo entre os pensamentos ansiosos aumentou um tanto. A sensação de apenas existir se tornou mais acessível. E, naquela relativa calma, em um espaço de muita quietude dentro de mim, um pensamento tranquilo surgiu. Acho que nem deveria chamar de pensamento; estava mais para um impulso. Algo dentro de mim, que pareceu surgir do nada, que não era o elo final de uma corrente de pensamentos, que não era o resultado de nenhuma racionalização, me veio de repente. Bem diante de mim e totalmente formado: *Está na hora de seguir em frente.*

Levei cinco segundos para tomar a decisão. Só o fato de me permitir pensar em demissão e me afastar de tudo já me dava uma baita sensação de alívio. A ideia parecia perigosa e dinâmica ao mesmo tempo. Meu corpo foi tomado por uma energia vibrante que me atingia em ondas. Precisei me levantar e dançar. (Naquele momento, acho que eu devia estar um pouco parecido com o urso Balu.) Eu me senti poderoso e proativo. Talvez tenha sido a primeira decisão que tomei sozinho, sem me sentir apreensivo ou imaginar o que os outros poderiam pensar.

Alguns dias depois, entreguei meu pedido de demissão.

TRÊS

Respire mais, pense menos

Jamais imaginaria que aquela tentativa de meditar por quinze minutos significaria tanto para mim na época, quando eu era um jovem desesperado de 26 anos morando na Espanha. Naquele momento eu só estava buscando uma forma de lidar com a falta de bem-estar, mas o esforço me fez querer mais. Eu ansiava ouvir o que aquela voz sábia dentro de mim tinha a dizer.

Não é que eu tenha vivenciado um momento grandioso de despertar assim que comecei a ouvir a minha voz interior ou alcançado algum estado mental único. O que aconteceu foi que a breve trégua do meu turbilhão de pensamentos me deu uma sensação maravilhosa de liberdade. Os pensamentos não tinham desaparecido, mas não eram mais tão hipnóticos. Foi como se minha mente tivesse dado um passo para trás e começado a perceber que, apesar de *ter* pensamentos, eu não *sou* meus pensamentos.

Pensamentos não são um problema por si só, é claro. Mas se identificar com eles de forma automática e acrítica é, sim, um grande problema. A mente destreinada costuma fazer isso. Sentimos que nossa identidade e nossos pensamentos são entrelaçados de forma inseparável.

Não estou aqui para encorajar o pensamento positivo. De forma alguma. Não acredito que ele seja muito poderoso. Sempre o achei relativamente superficial.

E quanto a não pensar em nada? Boa sorte com isso. Arrisco afirmar que é fisicamente impossível. Tente não pensar em um elefante cor-de-rosa. O nosso cérebro não consegue processar a palavra "não". Mas aprender a deixar um pensamento de lado? *Isso*, sim, pode ser muito útil.

Mas como é possível deixar de lado um fluxo de pensamentos que está soterrando você? Basta prestar atenção em outra coisa. O único combustível que alimenta os pensamentos é a sua atenção.

Imagine um punho se abrindo em palma — isso simboliza como podemos soltar as coisas e os pensamentos, deixá-los partir. Esse simples gesto, de libertar um pensamento insistente, já ajuda muito. Redirecionar a atenção de forma consciente e deliberada para algo menos complexo — para uma experiência física como a respiração, por exemplo — pode levar a uma trégua terapêutica e tranquilizadora de nosso caos interior.

Será que isso também pode ajudar você (se estiver disposto a tentar)?

Ao inspirar, imagine que seu corpo é uma garrafa d'água. Na expiração, o nível de água diminui até a garrafa ficar vazia; quando você inspira, ela começa a encher de novo. Imagine que sua respiração começa no quadril ou até mais abaixo, no chão. E a água vai subindo pelo abdômen, pelo peito, pelo pescoço.

Deixe esses dois movimentos ancorarem você por um tempo — a onda vazante da expiração e a onda crescente da inspiração. Se tiver que fazer algum ajuste, mova-se com gentileza, com leveza, como se estivesse perguntando para o seu corpo: como a respiração fica melhor para você? É mais fácil receber o ar quando eu abro mais o peito? Quando relaxo um pouco os ombros? Encontre em você aquela parte confortável. Que faz você se sentir bem.

Essa respiração é tudo que você precisa fazer por ora. Todo o resto fica para depois. O seu lobo frontal está desativado. Nesse momento, você não tem nenhuma responsabilidade. Nesse momento, não há planos para formular, opiniões para dar e nada para lembrar. A única coisa que você precisa fazer é respirar. Continue fazendo isso pelo tempo que quiser.

Com que frequência você dedica a si mesmo esse tipo de atenção? Não tenha medo de aproveitar a oportunidade quando ela surgir. Deixe de lado as segundas intenções, como levar paz e tranquilidade a cada setor da sua vida, sentir seu corpo fervilhar de alegria ou se tornar uma pessoa mais espiritualizada. A respiração vale a pena por si só.

Pense em todas as palavras associadas à respiração. Um sinônimo é aspiração. Inspiração. Expiração. Espírito, espiritual. Tem algo aí. Se você deseja acessar uma parte maior da sua vitalidade, acostume-se a prestar atenção na sua respiração.

O monge tailandês Ajahn Chah, um mestre budista da Tradição Tailandesa das Florestas — da qual me tornei adepto —, certa vez disse: "Existem pessoas que nascem e morrem sem consciência da própria respiração, do ar entrando e saindo do corpo. E assim elas levam uma vida longe de si mesmas."

Escolher o foco de nossa atenção parece fácil, mas sou o primeiro a admitir que pode ser extremamente difícil. Nas primeiras tentativas de se concentrar na respiração, a mente da maioria das pessoas se comporta feito um ioiô. Você acompanha direitinho por alguns ciclos de respiração, mas sua atenção se desvia em seguida para algo trivial, e é necessário ser paciente para enrolar de novo o fio no eixo do ioiô. De novo e de novo e de novo. Nossa mente é praticamente incansável quando se trata de tomar os caminhos mais inesperados. Em algum momento, porém, percebemos quando nosso foco se desvia. Nessas horas, o que podemos fazer é constatar que isso aconteceu (de novo) — evitando tanto a reprimenda quanto a avaliação de performance —, deixar de lado os pensamentos intrusos e calmamente redirecionar nossa atenção para o objeto em questão.

Ficamos tentados a desistir, mas vale a pena insistir. Digo isso porque, ainda que seja um gesto pequeno e discreto na sua vida, também é um passo necessário e inestimável para a evolução da nossa consciência humana coletiva.

O valor da tranquilidade e da voz interior vem sendo enfatizado e ressaltado em todas as religiões, desde tempos remotos. Vai muito além do budismo, da meditação e de rituais de oração. Esse valor é inerente ao ser humano.

Todos nós somos capazes de deixar de lado nossos pensamentos, de escolher *para onde* direcionar nossa atenção, *por quanto* tempo concentrar a atenção em uma coisa que nos faz mal. Você também tem essa capacidade. Talvez você só precise treinar um pouco. Porque, quando ignoramos essa capacidade por completo ou perdemos o interesse nela, acabamos ficando sujeitos a padrões, pontos de vista e comportamentos automáticos e arraigados que nos levam por uma coleira, por assim dizer. E ficamos dando voltas pelos mesmos caminhos. Isso não é liberdade. Isso não é dignidade.

É fácil?

Não.

Vale a pena se esforçar e seguir no seu próprio ritmo?

Sim.

QUATRO

Os irmãos Karamázov

Não foi muito fácil bater na porta do meu chefe de repente e dizer: "As coisas não estão conforme o esperado, e eu gostaria de pedir demissão." Também não foi fácil ligar para os meus pais e dizer: "Acabei de pedir demissão e não tenho nenhum plano B."

Um mês depois, eu tinha voltado para casa, em Gotemburgo. Aluguei uma quitinete simples — subloquei, na verdade — em um bairro popular chamado Majorna e consegui um emprego como lavador de pratos em um restaurante. Eu me lembro do primeiro dia de trabalho, parado ali diante de uma pilha de pratos sujos, ouvindo as gracinhas do resto da equipe: "Ei, tem um novo lavador de pratos aqui, né? Será que esse fala sueco?" Por dentro, eu estava gritando: *Pois saibam que eu era uma pessoa muito importante até bem pouco tempo!*

Logo depois, comecei a estudar literatura. Certa manhã, no bonde para o campus, vi o anúncio de um disque-ajuda de saúde mental recém-inaugurado. A ideia de ser voluntário me tocou, então resolvi me candidatar. Recebi o treinamento por seis domingos e, depois, fiquei encarregado de plantões de quatro horas nas noites de quinta-feira. No início, eu estava ávido por dar conselhos, mas depois fui aprendendo a me manter tranquilo e ouvir com o coração aberto.

Pela primeira vez, vi um lado menos cor-de-rosa da minha cidade. Solidão e sofrimento. Desespero e desamparo. Foram muitas as vezes em que eu não queria ir para os meus plantões. Mas sempre me sentia um pouco melhor depois deles, com um senso de propósito que aquecia o coração. Com a mesma frequência que choravam pelas dificuldades da vida, as pessoas também choravam de gratidão por finalmente ter alguém para ouvi-las. Algumas não recebiam esse tipo de atenção havia décadas. Isso me fez lembrar de uma coisa muito importante: estar disponível para os outros é infinitamente recompensador.

Depois de um ano estudando literatura, segui com minha busca mundo afora. Fui parar na Índia, onde trabalhei como economista no Programa Mundial de Alimentos da ONU. Eu era o exemplo clássico de jovem ocidental, sonhador e idealista que chegava pronto para ajudar a Índia. Mas, na verdade, a Índia é que ajuda os jovens ocidentais sonhadores e idealistas. Durante o ano que passei lá, fiz um mochilão pelo Sudeste Asiático. Por três semanas, subi e desci pelo Himalaia. Foi uma experiência incrível. Nutro um amor incondicional por montanhas desde pequeno. Sempre foram a minha paisagem favorita, meu elemento. Se eu estou no topo de uma montanha, fico imediatamente feliz. Então dá para imaginar como eu me sentia bem enquanto percorria grandes distâncias ao longo da cordilheira.

Imagino que qualquer um que tenha feito uma caminhada mais longa saiba o que acontece depois de um tempo; de alguma forma, a complexidade da vida diminui a cada dia. Por fim, o que realmente importa é o tempo, o seu corpo, comida, bebida e descanso. Eu me lembro de colocar a mochila nos ombros de manhã e sentir que poderia caminhar até os confins da Terra — *é isso que eu quero da vida*. E me sentia invencível.

Dito isso, eu talvez tenha sido o pior mochileiro que já existiu. Desconfio fortemente que fui o único naquele ano que, de tão presunçoso, carregou um volume pesado de capa dura de *Os irmãos Karamázov*, de Dostoiévski — um livro que, depois de montar acampamento à noite, eu sempre estava cansado demais para ler.

No fim da minha caminhada de quase um mês, voltei para a capital nepalesa Katmandu, uma parada popular para os mochileiros. Eu tinha passado semanas comendo a mesma coisa — ensopado de lentilha com arroz — três vezes por dia. Por isso, me empolguei e pedi um café da manhã suntuoso em um restaurante que supostamente servia o melhor croissant da cidade. Uma linda e rebelde estudante de medicina da Cidade do Cabo se sentou diante de mim.

Ela me disse que se chamava Hailey.

Passei a vida toda lidando com o complexo de não saber flertar. Devo ter faltado no dia em que Deus distribuiu o Grande Manual da Paquera. Naquela manhã, contudo, acabei me saindo bem. O café da manhã se estendeu por quatro horas, e, antes de chegar ao fim, eu já havia me convencido de que estava completamente apaixonado por aquela mulher espalhafatosa, alegre e um pouco brigona sentada diante de mim. Além disso, parecia que o sentimento era recíproco. Alguns dias depois, viajamos juntos para a Tailândia e passamos semanas vivendo um romance imaculado e quase cinematográfico. E, então, ela me deixou.

Acho que, depois das duas primeiras semanas fantásticas, comecei a temer que talvez eu gostasse mais dela do que ela de mim. E daí para um receio ainda maior foi um pulo:

E se ela me deixar?

As dúvidas sufocaram alguma coisa dentro de mim. Aconteceu bem rápido, na verdade. Acho que foi o mesmo mecanismo que me fez começar a reprimir minhas emoções. E quando você reprime o que sente, toda a diversão, a leveza, a espontaneidade e o ânimo fogem do alcance. Você fica mudo e paralisado. Foi exatamente o que aconteceu comigo. Eu ficava repetindo para mim mesmo que não *deveria* ficar daquele jeito, e isso só servia para me deixar ainda *mais* mudo e paralisado. Quando Hailey, com muito jeito e tato, acabou confirmando os meus receios e terminou tudo comigo, a única coisa que me veio à mente foi: "Sabe de uma coisa? Se eu estivesse com alguém como eu, do jeito que estou agindo agora, eu também terminaria comigo."

Naquela idade, eu já tinha passado por alguns términos de relacionamento, mas isso não ajudou a suavizar o golpe. Agora sei que não sou o único que sofre tanto assim com rejeições. Essa é uma ferida profunda na maioria das pessoas. Para piorar ainda mais as coisas, sempre fui muito dramático.

Então, lá estava eu, com o coração partido em uma praia paradisíaca na Tailândia. Mais solitário do que jamais me sentira depois de um término. Aquela praia era um destino clássico de mochileiros. Para onde quer que eu olhasse, via pessoas jovens, livres, bonitas, bronzeadas, divertidas, aventureiras e extrovertidas.

E eu entre eles, me escondendo atrás de um exemplar gasto de Dostoiévski, tentando parecer inteligente, como se minha única necessidade na vida fosse o universo das grandes ideias. Consegui continuar assim por mais alguns dias, mas logo ficou óbvio demais que eu estava profundamente deprimido.

E eu não fazia a menor ideia de como lidar com aquele sofrimento. Não tinha a menor ideia mesmo. Não contava com nenhuma ferramenta para me ajudar com aquilo. Só pensava:

Não é estranho? Dezesseis anos de estudo, e eu não me lembro de ter aprendido nada sobre "O que fazer quando a vida fica difícil?".

Todos nós precisamos de algum tipo de orientação de vez em quando. É impossível existir alguém que nunca tenha passado por nenhum tipo de dificuldade. Todos passamos por períodos em que nos sentimos completamente sozinhos, desamparados, sem amigos, incompreendidos, maltratados. E quando a tempestade começa a se formar, precisamos encontrar onde nos segurar, onde nos proteger. Podemos encontrar essas coisas dentro de nós mesmos ou no ambiente que nos cerca. De preferência nos dois.

Chegamos ao ponto da história que revela o mais banal dos clichês: o jovem de coração partido encontra o caminho para um mosteiro.

Mas foi exatamente o que aconteceu. Eu nunca tinha me interessado por qualquer religião, mas ficou óbvio que me sentia impotente quando precisava lidar com alguns tipos de emoções fortes que me dominavam na época. Eu precisava fazer algo a respeito. Tinha chegado a hora de pedir ajuda, e Buda me pareceu um bom começo.

CINCO

Minha chegada ao mosteiro

Recebi o endereço de um mosteiro na região norte da Tailândia que oferecia cursos de meditação em inglês com um mês de duração. Mesmo depois de minhas tentativas amadoras, eu ainda sabia muito pouco sobre meditação. Mas tinha visto monges budistas durante minhas viagens, e eles pareciam muito relaxados e contentes, caminhando tranquilos sob o alvorecer com suas tigelas de esmola ao pedir alimentos para os moradores. Além disso, os tailandeses despertavam certo fascínio em mim. Estavam à vontade na própria pele. Pareciam muito centrados, algo que eu não via muito no Ocidente.

Desde criança, uma pequena voz interior me dizia que eu não era bom o suficiente. Uma voz que ficava mais alta sempre que eu fazia algo estranho ou bobo, como entender errado alguma coisa ou fracassar. E que se calava quando eu fazia algo bom. Naquela época, eu já sabia que não era um problema exclusivo meu, mas, sim, parte da minha herança cultural. Muita gente na nossa parte do mundo convive com essas críticas constantes e ríspidas que vêm de dentro. Uma voz que sempre é mesquinha, mesmo quando cometemos só um errinho inocente. Costumamos carregar uma sensação de não estar à altura, um medo de sermos "desmascarados". A gente acha que as pessoas não vão gostar de nós se conhecerem nosso *eu verdadeiro*. E usamos várias estratégias para garantir que elas não conheçam. Esse tipo de comportamento inevitavelmente afeta a forma como interagimos com o mundo à nossa volta. Isso ficou bem óbvio quando pude observar os tailandeses que conheci.

Em termos bem simples, o povo da Tailândia parecia ter mais amor-próprio. Dava para perceber neles uma crença genuína de que seu jeito de ser seria bem-vindo por todo mundo, algo raro de ver em ocidentais. Para mim, os tailandeses transmitiam uma enorme confiança em si mesmos, como se sua mera presença no ambiente anunciasse: *Oi, estou aqui! Não é o máximo? As coisas ficam bem melhores quando estou por perto, não ficam? Estou supondo que todo mundo adora minha presença e tenho certeza de que todos aqui gostam de mim!* Posso estar exagerando para descrevê-los, mas era exatamente a impressão que eu tinha. E isso me agradava.

Minhas expectativas sobre os benefícios da meditação estavam altíssimas quando cheguei ao mosteiro que me indicaram. Ele ficava em uma aldeia pequena e movimentada, próxima ao aeroporto de Chiang Mai. Estávamos cercados de cães pulguentos e estridentes que devoravam as sobras de comida apimentada. Por algum motivo, o pessoal do mosteiro gostava de fazer uma espécie de festival de música folclórica. Às vezes, tocavam música eletrônica e os jovens dançavam em um palco bem perto de onde deveríamos meditar.

Tive a impressão de que os monges passavam a maior parte do tempo fumando e fofocando. Éramos nós, os ocidentais, que meditávamos. Mas, ao contrário dos monges, levávamos a tarefa *incrivelmente* a sério.

Meus pensamentos durante a meditação no meu segundo dia lá foram mais ou menos assim:

Tudo bem, vamos nessa. São 45 minutos ininterruptos de atenção plena. A respiração vai me guiar. Vou deixar todo o sofrimento para trás neste lugar e voltar como um novo homem. Talvez eu possa até reconquistar Hailey. Inspire, expire, o que será que vai ter de almoço hoje? Eu não ofereceria aquela comida de ontem nem aos cachorros lá em casa. E olhe que aqui tem um montão de árvores carregadas de frutas exóticas amadurecidas pelo sol... Tudo bem. Concentre-se. Inspire, expire. Mas sério, o que dizer do café daqui? Chega a ser ridículo! Até podemos ser mochileiros ocidentais, mas somos nós que sustentamos este lugar. Enchemos as caixas de doação. Ter que tomar Nescafé é inaceitável! Eles ganhariam muito dinheiro se investissem em uma cafeteira italiana decente. Cortado, cappuccino... Eita! O que está acontecendo? Eu deveria estar meditando para atingir um plano superior. Em vez disso, minha atenção foi tomada por esses pensamentos bizarros e fervorosos. Desde quando eu tenho que me preocupar com o cardápio do mosteiro? Ainda bem que ninguém ouviu meus pensamentos. Eu deveria ser um dos que levam as coisas a sério. Tenho que me controlar. Tenho que me concentrar na respiração. Sentir o meu corpo. Relaxar. Buda era ótimo em relaxar. Vamos fazer isso. Inspire, expire... Sério, como isso é chato! Não era pra acontecer alguma coisa? Não pode ser só isso. Quanto tempo eu preciso esperar por um orgasmo cósmico? Cadê os fogos de artifício dentro de mim? Estou pronto!

Se você já tentou meditar, tenho certeza de que consegue entender. Você se considerava um ser racional, sensato e pragmático até descobrir que na maior parte do tempo seu processo mental é controlado por um macaco de circo. Muita gente comete o mesmo erro quando começa a meditar; achamos que nossa mente vai se aquietar. Mas não é assim que funciona! Talvez sim por períodos bem curtos, mas não mais que isso. Só os mortos têm a mente quieta. A mente faz parte da existência, e a natureza dela é gerar, comparar, reformular e questionar ideias.

É fácil ficar surpreso e horrorizado diante dos pensamentos malucos e sem censura que rodopiam pela nossa cabeça, o que torna uma alegria o fato de ninguém ser capaz de ler mentes. Mas é um conforto que isso aconteça com todo mundo. É algo natural, nem um pouco estranho. Só precisamos entender que não passam de *pensamentos* — não são verdades. Além disso, observar nossa algazarra mental é útil, pois nos ajuda a criar certa distância dela quando necessário. Podemos aprender a levar nossos pensamentos menos a sério, descobrir uma forma mais sóbria de nos relacionar com eles: *Putz, lá vem aquela ideia ridícula de novo. Ah, vou deixar passar. Não vou encasquetar com ela.*

Gosto de estar perto de pessoas que acabaram de começar a jornada interior. Um dos motivos é a descoberta do caos na cabeça delas, o que estabelece certa distância entre si mesmas e os próprios pensamentos. Isso as torna mais humildes. E é revigorante estar rodeado de pessoas que não levam a si mesmas nem suas convicções a sério o tempo todo. Assim somos unidos pela descoberta em comum: *Eu não tenho tudo sob controle. Você não tem tudo sob controle. Eu não sou cem por cento racional. Você não é cem por cento racional. Acabo pensando em coisas doidas de vez em quando. Você também. Tenho reações emocionais desproporcionais a certas coisas. Você também.*

Depois que a distância nos ajuda a colocar os processos mentais em perspectiva e que nos damos conta de que as outras pessoas estão passando pela mesma coisa, fica automaticamente mais fácil perceber aquilo que todos nós, seres humanos, temos *em comum*, em vez de perceber o que nos separa. Sejam lá quais forem nossas origens, nossa história ou quem formos, nosso funcionamento interno tende a ser muito parecido. Ao admitir isso e lançar luz sobre o assunto, fica bem mais fácil parar de fingir que estamos no controle de tudo. Fica bem mais fácil ajudarmos uns aos outros, compartilhar e de fato conhecer alguém.

Podemos estabelecer relacionamentos baseados em somar em vez de competição, nos alegrar por não sermos ilhas solitárias. Podemos aprender uns com os outros sem temer o fracasso. Podemos ver o que há de maravilhoso nos outros sem que aquela pequena voz interior venha nos dizer que não somos tão bons quanto eles.

SEIS

Não acredite em
cada pensamento seu

O curso de meditação duraria um mês, mas fugi do mosteiro depois de apenas quatro dias. Não sou de desistir. Sei que não, porque passei três anos na faculdade de economia mesmo sem o mínimo interesse nas matérias. Corri a Maratona de Sevilha em 1985 sob um calor de 35°C depois de apenas nove treinos de corrida, usando uma camiseta grossa de algodão da qual meus mamilos nunca se esquecerão. Mas, no caso do curso de meditação, eu desisti.

Na noite do quarto dia, eu estava sentado no centro de Chiang Mai com uma garrafa de vinho na mão e me perguntando o que tinha saído errado. O que havia de tão difícil naquilo?

Dormir em um estrado de madeira era tolerável. Dava para aguentar o voto de silêncio. Acordar cedo também era tranquilo. Eu até levei numa boa a questão da comida, que era pouca e ruim. Mas ficar o dia inteiro, todos os dias, sem praticamente nenhuma distração dos meus pensamentos tagarelas, reclamões, implicantes, exigentes, rancorosos, questionadores e insatisfeitos... *aquilo*, sim, era insuportável. Se eu tentava aquietar minha mente, ela revidava com uma enxurrada de ataques pessoais que me deixava inseguro.

Mas senti algo despertar dentro de mim. Ficou muito claro que eu não queria viver daquela forma. Não apreciar a própria companhia — isso é um problema. Então firmei uma espécie de acordo comigo mesmo bem ali, naquele momento: *A partir de agora, vou me tornar uma companhia um pouco mais fácil para mim. Alguém um pouco mais à vontade consigo mesmo. Alguém que não é dominado pelos pensamentos. Alguém que, quem sabe, se torne um bom amigo um dia. Esse será um dos meus princípios.*

Pelo menos eu tinha uma ideia de como chegar lá. Já não me sentia mais à mercê de situações que não podia controlar, tanto as físicas quanto as mentais. Afinal, eu já tinha descoberto que, quando minha tristeza, ansiedade ou solidão ficassem opressivas demais, eu poderia escolher me concentrar na respiração e permitir a consciência plena do meu corpo, sem aceitar cegamente cada um dos pensamentos que minha mente atirasse em mim.

Esse foi o primeiro presente de Buda.

Demorei um pouco para retornar ao mosteiro barulhento e concluir o curso de quatro semanas. Foi a coisa mais difícil que já fiz. Desisti três vezes antes de terminar. Mas Thanat, meu bondoso professor chinês, simplesmente abria um sorriso gentil sempre que eu dizia que não aguentava mais. Em seguida, ele me servia um pouco de leite de soja morno daqueles de saquinho e aconselhava: "Durma um pouco antes de tomar uma decisão. Você trilhou um longo caminho para chegar aqui. Talvez mude de ideia depois de uma noite de sono." E eu sempre me sentia melhor. Estava começando a entender por que Buda falava tanto sobre impermanência. Nada dura para sempre. Nem mesmo os tempos difíceis.

Esse foi o segundo presente de Buda.

Quando voltei para a Suécia, continuei praticando a meditação de manhã e de noite. Era como se finalmente tivesse recebido a chave para o meu espaço interior. Pude entender melhor o que havia dentro de mim. Ao conseguir enfrentar o que era difícil, parte da resistência desapareceu.

Em tempos conturbados, direcionar a atenção, escolhendo um foco para ela, é a melhor coisa que podemos fazer — e talvez a única.

Esse foi o terceiro presente de Buda.

"Não acredite em cada pensamento seu." Esse foi um dos preceitos que mais me ajudou na vida. Abordar os próprios pensamentos com um pouco de ceticismo e humor facilita muito a tarefa de sermos nós mesmos. Mas, infelizmente, esse superpoder que temos em comum costuma ser ignorado.

Então, o que você ganha quando não acredita piamente em cada pensamento que passa pela sua cabeça?

Algo inestimável: um confidente verdadeiro e genuíno. Alguém que está sempre ao seu lado. Quando acreditamos em tudo que se passa em nossa mente, ficamos vulneráveis e indefesos. Em todos os níveis. E isso corrói a nossa sabedoria. Naqueles momentos mais sombrios, é bem possível que nunca se enxergue a luz no fim do túnel. Esse tormento pode nos levar à morte, literalmente.

Como é possível ter uma vida digna e livre se você acredita em todos os seus pensamentos? Sabemos que quase todos os nossos pensamentos são involuntários. Não somos ilhas. Somos moldados pela criação que recebemos, pelas nossas experiências desde que nascemos, nossa cultura, nossa situação de vida e as mensagens que recebemos ao longo da jornada.

Não escolhemos nossos pensamentos. Não controlamos a forma que tomam. Talvez seja possível incentivar alguns mais do que outros, permitir que ocupem mais ou menos espaço. Mas não conseguimos controlar o que surge na nossa mente. Só podemos escolher se vamos acreditar nesses pensamentos ou não.

SETE

Mãe, vou me tornar um monge da floresta

Comecei a me dedicar à leitura sobre o budismo com o empenho de um ocidental que se converteu. Um dos livros foi *Seeing the way*. Nele há a descrição de um mosteiro na região nordeste da Tailândia, no qual moravam monges da floresta vindos do mundo inteiro. Essa obra plantou uma semente em mim: será que eu deveria me tornar um monge da Tradição Tailandesa das Florestas? Era como se eu estivesse regando a semente a cada página lida, a cada livro. Gota a gota, ela começou a germinar. Certo dia, eu estava sentado à mesa da cozinha com a minha mãe e um broto emergiu da terra:

— Mãe, vou me tornar um monge da floresta.

— Tudo bem... Você já conheceu algum monge dessa tradição?

— Não. Só li a respeito.

— Você já esteve em algum mosteiro dessa tradição?

— Não.

— Björn, você tem certeza de que quer fazer isso?

— Tenho.

Ali estava de novo aquela sensação de tomar uma decisão completamente autônoma. A certeza tranquila da intuição. Tanto eu quanto minha mãe ficamos tão surpresos quanto naquela vez na Espanha, em que levei cinco segundos para decidir.

Meus pais, como sempre, me apoiaram. Aos poucos fizeram as pazes com o meu lado excêntrico e com meu total desinteresse em seguir uma carreira convencional. Estava tudo bem para eles, e nunca me questionaram sobre isso nem qualquer outro assunto. Saber que eu poderia contar com o apoio irrestrito deles, apesar das minhas escolhas de vida inusitadas, significava muito para mim.

É importante mencionar que meu pai era a pessoa mais conservadora da cidade de Hovås, até o dia em que se tornou o pai mais conservador da região ultraconservadora de Saltsjöbaden. Então, para ele, ver o filho abandonar uma carreira de negócios promissora para ficar em posição de lótus em um mosteiro na Tailândia estava bem longe do ideal. Mas ele aceitou bem. Não ficou muito feliz quando furei a orelha durante o mochilão pela Nova Zelândia, e é claro que também não via com bons olhos as camisas nepalesas largas de algodão cru que eu usava. E essa provavelmente seria a reação da maioria das pessoas. Mesmo assim, meu pai me deu todo o apoio quando realmente importava, aceitando minha jornada incomum.

Um dia, cheguei em casa e disse para os meus pais que tinha decidido dar o próximo passo. A partir daquele momento, eu adotaria o estilo de vida dos budistas convertidos, ou seja, seguiria os cinco preceitos até me tornar monge.

— Tudo bem, e quais são esses preceitos? — perguntou meu pai, sem acreditar em mim.

Respondi que deveria me abster de tirar ou prejudicar uma vida, fosse a minha ou a de outros. Que não ia ter uma conduta sexual inadequada nem roubar. Não ia mentir e me absteria de bebidas alcoólicas.

Quando cheguei ao último preceito, sobre a bebida, meu pai retrucou:

— Você está levando as coisas longe demais, não acha?

Os outros preceitos pareceram tranquilos para ele, mas viver sem bebidas alcoólicas era exagerado *demais*. Esse foi o limite que meu pai definiu.

Buda enfatiza que nossa relação com os pais é especial. A gratidão pelas pessoas que nos criaram tem seu valor. Mesmo que não tenham feito um bom trabalho, eles provavelmente fizeram o melhor que podiam. Essa é a suposição. E, quando você tem filhos, geralmente há um momento de insight: minha nossa, ser pai/mãe é muito difícil e dá muito trabalho. Nos últimos meses que passei na casa dos meus pais, a gratidão que sentia por eles ficou ainda maior.

Quando eles perguntaram se havia algo que eu queria fazer antes de ir para o mosteiro, respondi que desejava ir para os Alpes, como costumávamos fazer quando eu era criança.

Dito e feito. Todo mundo foi: minha mãe, meus pais e meus três irmãos, já adultos.

As pessoas da minha família eram bem diferentes entre si. Bastava observar nossa rotina. E eu era um caso especial, pois tinha adotado muitos hábitos novos e peculiares. Por volta das quatro e meia da madrugada, eu me sentava para meditar na sala de estar do chalezinho que alugamos, sob o brilho esverdeado que emanava da geladeira. Dali a um tempo, meus três irmãos chegavam em casa da boate e quase tropeçavam em mim. Acho que essa é uma boa forma de descrever como a minha vida e a deles tinham tomado rumos diferentes.

Antes de virar monge, decidi doar tudo o que tinha. Nunca fui de me importar com bens materiais, então não desenvolvi fortes laços com objetos. Mesmo assim, fiquei surpreso com a alegria intensa que brotou dentro de mim quando finalmente abri mão de tudo. Foi como se eu tivesse tomado oito xícaras de café. Depois, quitei o empréstimo estudantil: você não pode ter nenhum tipo de dívida se quiser virar um monge da Tradição das Florestas.

E, então, eu estava pronto, sem saber direito para o quê. Mas deixei a Suécia completamente para trás. Como era inverno, isso facilitou muito as coisas.

OITO

Natthiko, "aquele que cresce em sabedoria"

Em 28 de janeiro de 1992, desci de um tuk-tuk carregando minha mochilinha e passei pelos portões do mosteiro pela primeira vez. A placa ao lado dizia *Wat Pah Nanachat*, Mosteiro Internacional da Tradição das Florestas. Caminhei sob as altas abóbadas formadas pelas árvores da floresta e logo cheguei ao salão de meditação. Senti cheiro de pomada canforada e incenso chinês. Avistei quase trinta monges, de todos os cantos do mundo, sentados em silêncio sobre o tablado baixo enquanto comiam em suas tigelas de esmola.

Fui até a cozinha e comi lá, acompanhado por algumas aldeãs idosas. Os netos delas brincavam à nossa volta. Havia também mais uns dez hóspedes ocidentais. Quando os monges acabaram de comer, eu me aproximei do abade, me ajoelhei e baixei a cabeça, seguindo as instruções que havia recebido. O nome dele era Ajahn Passano, filho de um lenhador das florestas ocidentais do Canadá. Ele abriu um sorriso caloroso quando contei por que estava ali:

— Deixei tudo para me tornar um monge da floresta.

Ele disse que aquilo era muito bom.

— Você pode ir para o dormitório com os outros hóspedes do sexo masculino. Se ainda estiver aqui daqui a três dias, vamos pedir que raspe a cabeça.

Naquele momento, achei que ele foi bem seco nas boas-vindas. Só entendi o motivo muito depois. O abade já vira muita gente mudar de ideia por perceber que a realidade não correspondia às expectativas. Minha convicção não diminuiu em nada após os três dias, então raspar a cabeça me pareceu algo bem tranquilo. A prática serve para mostrar que você está disposto a abrir mão de alguma coisa para estar lá, para mostrar que está levando a sério. Raspar a cabeça também serve como um critério de avaliação para os hóspedes, mostrando que o mosteiro é, na verdade, o lar de monges e monjas, não um albergue gratuito para mochileiros. Passei pelo ritual com um neozelandês que chegou no mesmo dia que eu e que viria a se tornar um grande amigo. Tiramos fotos e rimos muito dos diferentes cortes de cabelo que criamos no processo de ficar careca.

Após algumas semanas, ocorreu uma pequena cerimônia para que eu me tornasse postulante, um tipo de candidato a monge, que usa túnica branca. Um postulante ainda pode fazer coisas como lidar com dinheiro e dirigir, mas começa a adentrar cada vez mais na vida monástica de verdade.

Três meses depois, eu me tornei um noviço. Foi quando recebi meu nome monástico.

Eu nutria um grande respeito por Ajahn Passano, nosso abade e professor. A confiança que senti foi imediata e irrestrita, e ele jamais me deu motivos para questioná-la. Conforme o costume das cerimônias de nomeação, Ajahn Passano consultou um livro que está disponível em todos os mosteiros tailandeses, pois ali estão listados os nomes que um monge pode receber, de acordo com o dia da semana em que nasceu. Há centenas de nomes possíveis, e cabe ao professor a tarefa de escolher o mais adequado. Ajahn Passano sugeriu o nome *Natthiko*, que significa "aquele que cresce em sabedoria", e me perguntou se eu achava compatível comigo. Gostei muito na época e continuo gostando até hoje.

Os monges e as monjas recebem nomes monásticos como um lembrete de seus novos hábitos: o estilo de vida de uma pessoa "sem lar". O significado do nome serve para fortalecer algum aspecto da sua personalidade ou para incentivar o aprimoramento em alguma área pouco desenvolvida. Depende do caso. Um exemplo: um monge do nosso mosteiro teve uma vida complicada, para dizer o mínimo, e usava uma linguagem muito chula, cheia de palavrões. Aquilo não combinava em nada com a vida monástica, é claro. Então, quando ele recebeu o nome que significa "aquele que fala bem", ficou bem óbvio que o professor queria dar um incentivo extra para aquela área específica.

Com a túnica ocre típica dessa tradição, o monge noviço tem a mesma aparência de um monge ordenado. A diferença é um conjunto de regras mais simples. O noviço só se torna um monge "de verdade" depois de um ano, e apenas se todos concordarem. Na nova posição, é preciso seguir regras muito mais rígidas, que variam de acordo com as diferentes tradições do budismo. Na Theravada, que inclui a Tradição Tailandesa das Florestas, os monges ordenados seguem 227 regras, e as monjas, 311.

O ideal é recitar de cor essas regras. Conseguir tal feito confere certo status. Entre os monges nativos, talvez dez por cento tenham tentado, e cerca de um terço de nós, ocidentais. É necessária uma carga descomunal de treinamento. As regras estão escritas em Pali, um idioma litúrgico, e é preciso aprender a recitá-las muito rápido. Uma vez a cada quinze dias, um de nós as declamava para o grupo. Uma recitação bem rápida levava cerca de cinquenta minutos, e, se você fosse muito lento, acabava se tornando muito impopular, já que era bem entediante ficar ouvindo. Acabei aprendendo no fim das contas, mas foi uma das coisas mais difíceis que já fiz. Não seria exagero dizer que levei mil horas para decorá-las.

Quatro regras se sobressaem. Se você quebrar uma delas, deixa de ser monge ou monja. Todo mundo sabe, ninguém precisa dizer que você fez alguma coisa errada. A primeira é roubo, a segunda é coito, a terceira é causar a morte de outro ser humano e a quarta é mentir deliberadamente sobre ter atingido níveis extraordinários de desenvolvimento espiritual.

Uma das perguntas que mais me fazem desde que voltei para casa é em relação ao celibato e à abstenção da masturbação por tanto tempo. Muitos homens querem saber, por exemplo, se poluções noturnas contam. Reações involuntárias do corpo nunca são usadas contra você. Os tailandeses são, de forma geral, muito tolerantes em relação a imprevistos físicos. Violações leves nessa área costumam ser fonte de constrangimento e riso, em vez de vergonha pura e simples. São consideradas coisas bem humanas. O coito, por outro lado, é algo impensável. Particularmente, eu não acredito que o celibato seja importante para o crescimento espiritual, mas constitui uma parte importante do trato. Tive dificuldades com várias das regras, mas é preciso se entregar por inteiro se você escolheu se juntar a uma comunidade como aquela.

Reuniões quinzenais fazem parte da tradição monástica desde a época de Buda. Realizadas na lua cheia e na lua nova, são dias de cerimônia, antes dos quais todos raspam a cabeça e o salão de meditação é decorado com flores de lótus e incenso. É quando ocorre a recitação completa das regras monásticas. Antes disso, porém, formamos duplas, nos ajoelhamos um de frente para o outro e confessamos qualquer desvio ou quebra das pequenas regras. Se você tivesse matado um mosquito, por exemplo, sabendo muito bem que não deveria, poderia confessar naquele momento, mas se tivesse quebrado uma regra mais importante teria de falar sobre ela posteriormente, diante de todo o grupo.

Buda diz que existem duas formas de manter o coração puro: ou não fazer nada de errado, ou assumir nossas transgressões. É meio parecido com a confissão dos católicos. Por exemplo, se você obteve prazer sexual de uma forma proibida pela tradição, precisa contar para o grupo inteiro. Geralmente as pessoas que confessavam esse tipo de coisa eram sempre as mesmas. Os mesmos monges se rastejavam de joelhos sob o luar, murmurando algo como: *Eu talvez tenha feito alguma coisa um pouco, tipo, hum...*

Embora essa parte fosse um tanto engraçada, ver os fracassos alheios e nos identificar com eles era algo que nos unia. Não éramos os únicos a ter dificuldades. Assim que a confissão era feita em voz alta, a pressão interior diminuía um pouco.

Os monges ocidentais no mosteiro também tinham as chamadas "reuniões do coração", por iniciativa própria, durante as quais compartilhávamos pensamentos e experiências. Sentíamos que aquilo complementava o estilo de vida budista. Durante as reuniões, usávamos um *vajra* (um pequeno símbolo do budismo tibetano); a pessoa que estivesse com ele contaria para os outros o que tinha achado difícil, desafiador ou encorajador desde a última reunião. Ninguém interrompia, comentava nem analisava o que o outro dizia; cada pessoa simplesmente abria o coração, e os demais ouviam de peito aberto. Os monges tailandeses achavam graça dessas reuniões, julgando-as muito ocidentais e organizadas. Para eles, era mais natural conversar sobre essas coisas em um ambiente menos estruturado. Mas eles participavam mesmo assim, e as reuniões eram momentos bonitos que fortaleciam nosso senso comunitário.

Em resposta a monges e monjas que abandonavam o código monástico prescrito pelo Buda, foi estabelecida a Tradição Tailandesa das Florestas, que tem o foco na meditação, na simplicidade e na ética. Seus monges e monjas moram em cabanas pequenas sobre esteios altos espalhadas pela floresta. Dormimos em esteiras simples de fibra natural. Comemos apenas uma vez ao dia. Nunca lidamos com dinheiro. Somos celibatários. Era muita coisa para se acostumar.

E havia a meditação. Considerando que eu era a pessoa com mais dificuldade para meditar no mundo, eu não era exatamente um candidato ideal para a vida monástica. Não conseguia passar mais de 30 ou 45 minutos sentado em posição de lótus sem cair no sono. E, como bem sabemos, sempre tive muita dificuldade de resistir ao macaco de circo que mora dentro de mim. Levei muitos e muitos anos para dominar a prática, embora tenha passado por um programa intensivo de treinamento que exigia horas de meditação diária. Descrevo a seguir um exemplo de como meus pensamentos vagavam quando nos reuníamos às três e meia da manhã para a meditação coletiva:

Tudo bem, uma respiração de cada vez. Posso esquecer tudo agora. Inspire, expire. Inspire, expire. Quanto tempo será que vou demorar para alcançar a iluminação? Buda só levou seis anos. Mas aposto que ele teve um monte de vidas antes para aperfeiçoar o carma. Eu não sei como é o meu carma. Mas perfeito com certeza não é. Quantas cervejas será que eu já tomei nesta vida? Cinco mil? Dez mil? Se eu tivesse que empilhar os engradados, qual seria a altura da pilha? Vejamos... Não! Não! Nada disso! Você precisa se concentrar, meu caro! Concentre-se! Esqueça tudo. A atenção plena está logo ali, depois da próxima respiração. Paciência. Paciência. Roma não foi construída em um só dia. Sente-se como os monges zen do Japão. Zen, isso... aqueles caras têm classe. Eles têm estilo. Estátuas mais maneiras.

Costas mais retas. Caligrafia. Haicais. Jardins de pedra. Acho até que podem beber de vez em quando... Ah, vamos lá! Sério! Pare de especular! Concentre-se no presente! Inspire, expire. Ah, aqui vem a quietude. Ai! O que aconteceu?! Alguém acabou de bater na minha cabeça? Com certeza isso não é possível. Eu abriria os olhos. O ladrilho do piso estaria a menos de cinco centímetros do meu rosto. *Ooops. Acho que cochilei, fui caindo para a frente e bati com a cabeça no chão. Que constrangedor. Será que alguém notou?*

Apesar dos inúmeros desafios, nunca questionei minha escolha de virar monge. A voz dentro de mim, aquela que sempre cochichara que "a vida é em outro lugar", finalmente tinha silenciado.

No Ocidente, principalmente no mundo dos negócios, aprendi que a mente supera praticamente tudo. Ali, no entanto, tive provas de algo de que eu suspeitava havia muito tempo: nós, seres humanos, também temos muitos outros recursos à nossa disposição. Existe uma inteligência que não se limita ao que temos na cabeça, e seria muito bom se pudéssemos recorrer a ela mais vezes. Valia a pena ouvir aquela voz sábia dentro de mim, que tinha me levado até ali.

Pela primeira vez na vida, sentia que o mundo e eu concordávamos sobre o que era importante: estar presente em tudo o que fizer. Dizer a verdade. Ajudar os outros. E confiar mais no silêncio do que nos pensamentos errantes. Era como se eu finalmente tivesse chegado em casa.

NOVE

A inteligência do momento

Nossa Tradição Tailandesa das Florestas foi fundada por um monge incrivelmente alegre chamado Ajahn Chah. Amoroso e bem-humorado, ele se tornou uma inspiração para muita gente após seu despertar espiritual, atraindo vários seguidores. Ao longo das décadas de 1960 e 1970, sua popularidade cresceu cada vez mais nos círculos budistas, principalmente entre os velhos hippies, que deixaram de restringir suas viagens apenas à Índia e acabaram gerando uma alta procura pelo mosteiro de Ajahn Chah na região nordeste da Tailândia. Como a maioria dos seguidores de Ajahn Chah vinha do Ocidente e o dialeto tailandês naquela região é muito difícil, logo ficou claro que precisariam de um mosteiro em que falassem inglês. Em pouco tempo foi feita a doação de um lote de terra próximo, e assim foi construído o nosso mosteiro internacional da Tradição das Florestas, algo único na época.

Ajahn Chah era um herói espiritual para muitos de nós. Ele tinha um rosto incrivelmente amplo, que quase sempre estampava um sorriso de igual tamanho. Do que mais poderíamos chamá-lo além de *sapo-boi*?

Em certa ocasião, Ajahn Chah estava sentado em um leito estreito de bambu na floresta vizinha ao mosteiro. Dirigindo-se aos monges e monjas sentados ao seu redor, ele pegou um facão, ergueu-o diante de si e disse algo do tipo:

Sabem de uma coisa? Nossa mente tem algumas semelhanças com este facão. Se eu o usasse o tempo todo para cortar plástico, concreto, vidro, metal, madeira e pedra, a lâmina logo ficaria cega e inútil. Por outro lado, se eu deixar o facão descansar na bainha e usá-lo apenas na hora de cortar madeira ou bambu, ele vai funcionar muito bem, cortando de forma rápida e eficaz por um bom tempo.

Gosto dessa comparação. Para mantermos a mente em plena capacidade, afiada, eficaz e funcional como eu gostaria, é necessário deixá-la descansar de vez em quando.

É muito fácil esquecer que nós, seres humanos, temos mais de um jeito de alcançar o conhecimento. É muito fácil esquecer que a razão não é a *única* ferramenta à nossa disposição. Não é que ela não seja um aspecto lindo e importante da nossa natureza, pelo contrário. Ela nos deu muitas coisas boas: tecnologia, ciência, medicina, democracia, igualdade e muitos outros sistemas e ideias importantes. A razão, no entanto, não é tudo. Temos outra forma de alcançar o conhecimento e tomar decisões. Temos *momentos de inspiração*. Os budistas chamam isso de sabedoria, que mantém uma relação clara com a meditação segundo o ponto de vista deles.

Às vezes, ao ouvir minha voz interior, as coisas se tornam mais claras. Foi exatamente o que aconteceu comigo naquela tarde de domingo na Espanha, quando estava no meu sofá. Alguns chamam isso de seguir o coração, e outros, de intuição. Eu prefiro chamar de *inteligência do momento*. Não faz diferença como a chamamos nem como a encontramos. O importante é estar ciente de que nós, seres humanos, temos essa habilidade. Justamente por sermos humanos, conseguimos ouvir a voz da nossa própria sabedoria. Ela está dentro de nós. Muita gente não a ouve. Principalmente nos dias de hoje, em que a procura por respostas externas se tornou muito fácil. Talvez nunca tenha sido tão árduo e tão trabalhoso descansar nossa mente e nos voltarmos para a escuta dessa voz interior.

É fácil acreditar que a felicidade vem de fora. Foi exatamente o que aconteceu comigo no início da vida adulta, e ainda não me tornei imune a esse pensamento. Sua força gravitacional é forte demais. Ter uma carreira incrível para aparentar sucesso pode massagear o ego por um tempo. Se você parar e pensar a respeito, no entanto, logo vai perceber que é um pouco como tentar viver à base de doces. Doces são coloridos, divertidos e deliciosos na hora, mas não oferecem uma nutrição adequada.

Todos temos acesso à inteligência do momento. Cada um de nós guarda dentro de si uma bússola em repouso, perfeitamente regulada. O único requisito para acessá-la é prestar atenção, pois nossa sabedoria não é tão chamativa quanto o nosso ego — o barulho que o ego faz para conseguir o que quer costuma abafar todo o resto. Por isso faz sentido mudar a sintonia de tempos em tempos, para captar outras ondas sonoras. Encontrar momentos de tranquilidade no nosso dia a dia, da forma que fizer mais sentido para nós. É uma habilidade incrível, e vale a pena cultivá-la. Sem essa prática, nossa atenção sempre será atraída para aquilo que fizer mais barulho. Isso gera drama. Gera conflito. Gera ansiedade e infelicidade. Uma luta constante contra a realidade.

Ouvir a sua voz interior não vai contra a racionalidade, pois *inclui* o racional. Não significa que pensamentos e ideias completamente novos vão surgir como um raio vindo do nada. Na verdade, eles podem muito bem ser o resultado de longos períodos de avaliação. Foi o que aconteceu comigo quando decidi pedir demissão de um cargo importante. Os pensamentos já estavam lá havia um tempo, em segundo plano. Mas, como sabemos, é bem difícil questionar algo em que você já investiu bastante tempo e ambição, ou abrir mão de algo que pareça ótimo na teoria, seja um emprego, um relacionamento ou um estilo de vida. No entanto, quando me liberto um pouco dos meus pensamentos e deixo que fluam de forma mais livre, consigo abrir espaço para uma convicção mais verdadeira. Geralmente só assim, ao permitir que a voz sábia dentro de mim seja ouvida, me torno capaz de tomar uma decisão definitiva. Eu não usei um processo *racional* para escolher isso ou aquilo. Não foi uma dedução, em que um pensamento levou a outro, e a outro, e a outro até chegar a uma conclusão. Na verdade aconteceu de repente, e tudo ficou muito claro para mim em um momento de tranquilidade, quando tive acesso a uma parte maior de mim.

Ou, como um sábio chamado Albert Einstein disse certa vez: "A mente intuitiva é um dom sagrado, e a mente racional, um servo fiel. Criamos uma sociedade que honra o servo e se esqueceu do dom."

DEZ

A comunidade excêntrica

Na época que tomei a decisão de me tornar monge, eu tinha algumas opiniões formadas sobre mosteiros budistas e seu dia a dia. Precisei reavaliar várias delas.

Afinal, nenhum é igual ao outro. Existem mosteiros de todos os tipos, desde ruínas movimentadas em meio a áreas residenciais até monumentos da natureza, que consistem em casinhas de bambu distribuídas mata adentro. Também percebi bem rápido que precisaria abandonar uma das motivações que me levaram à vida monástica. Não importava em qual mosteiro eu fosse parar, precisaria desistir da ideia de, enfim, ficar sozinho. Sozinho de verdade.

Depois de algumas poucas semanas, ficou bem claro que eu tinha entrado para uma comunidade que funcionava todos os dias sem parar, composta por algumas das pessoas mais excêntricas que eu já tinha visto. Não podíamos escolher nossos colegas de quarto. Trocávamos de quarto ou de cabana uma vez por mês, em parte para desencorajar o apego excessivo a alguma coisa que considerássemos "nossa" e, em parte, porque havia muita gente indo e vindo. Pessoas de quem você gostava poderiam muito bem deixar o mosteiro de forma repentina, ao passo que outros de quem você não gostava tanto assim ficavam para sempre — pelo menos era essa a sensação. Parecia que o treinamento de habilidades sociais seria uma das bases da minha vida monástica. *Isso* era uma coisa que eu definitivamente não estava esperando.

No início, foi um enorme desafio para mim. Eu tinha a tendência a me comparar com os outros monges. Vivia me atormentando com pensamentos do tipo: *Você não é tão inteligente quanto Sujato. Nem tão empático quanto Nyanarato. Nem tão paciente quanto Tejapañño. Nem tão atento quanto Chandako.* Ao mesmo tempo, cada um deles tinha um jeito único de me perturbar. As pessoas realmente dão nos nervos, não é? E eles me irritavam. Eu ficava chateado quando não se comportavam da forma que eu achava correta. Mas, depois de um tempo, reconheci a dor em toda aquela resistência que eu estava criando. Pouco a pouco, algo em mim se tornou mais generoso. Aprendi a não ter tantas opiniões sobre os outros e a permitir que cada um fosse do jeito que realmente era. Nosso abade nos incentivava a pensar da seguinte maneira:

Todos nós somos pedras trazidas pela maré. Quando chegamos à praia, somos ásperas e perfurantes. Então, as ondas da vida começam a ir e vir. Se mobilizarmos em nós a vontade de ficar lá, permitiremos que as outras pedras da praia se choquem contra nós, criem atrito e nos desgastem. Assim, nosso contorno abrasivo começa a desaparecer. Vamos nos tornar mais suaves e lisas, vamos refletir a luz e começar a brilhar.

Ficar irritado com as pessoas não é nada além de humano. Acontece com todo mundo. Mas isso suga uma energia imensa, tornando-se um gasto de recursos desnecessário. Fico feliz de dizer que existe uma solução para o problema. Para que uma pessoa se torne mais fácil no trato, para que ela tenha um comportamento que você considere tolerável, só há um jeito: você precisa aprender a gostar da pessoa do jeitinho que ela é.

Afinal, quantas vezes na história do universo alguém já mudou de comportamento só porque outra pessoa saiu por aí tecendo críticas? Mesmo assim, a gente continua insistindo nisso. É tão surpreendente que quase chega a ser fofo. Acreditamos que somos muito onipotentes. *Eu sei o comportamento que as pessoas deveriam ter e vou viver em angústia se elas se recusarem a segui-lo.* Realmente temos o rei na barriga!

Nós, seres humanos, somos dotados de detectores de papo-furado. Sentimos quando alguém tem ressalvas. Isso mina a nossa autoconfiança e nos coloca na defensiva. Isso nos deixa menos atenciosos, com menos abertura emocional. E o oposto também ocorre. Dá para perceber quando alguém está pensando: *Oi! Aceito você do jeitinho que é. É tão maravilhoso que você seja você. Saiba que você não precisa mudar nada, pois eu aceito suas idiossincrasias, suas manias, suas excentricidades e seus comportamentos inusitados. Você é aceito por inteiro no meu mundo, exatamente do jeitinho que é. Tenho espaço para você.*

Imagine a sensação de ser recebido assim. Isso automaticamente faria com que fosse mais fácil estar na sua presença.

Podemos chegar longe aceitando uns aos outros, permitindo o jeito de ser de cada um. Desse modo, criamos mutuamente a chance de desenvolver nossos pontos fortes e nossos talentos, a chance de nos tornarmos a versão mais bonita de nós mesmos. Quando temos certeza de que as pessoas nos aceitam como realmente somos, é muito mais fácil ser delicado com os outros também. Isso nos torna capazes de tratar com mais empatia aqueles que nos cercam.

São coisas importantes na vida em comunidade, principalmente se o objetivo dessa comunidade for a dedicação integral ao crescimento pessoal e espiritual. Depois que superei minhas ressalvas, as pessoas às quais eu tinha mais objeções se tornaram aquelas de quem eu mais gostava. Um certo monge de

Oklahoma passou quatro anos nutrindo um ódio intenso por mim. Ele demonstrava isso abertamente todos os dias. É quase irônico em retrospecto, já que eu precisava me esforçar muito para não ligar tanto para o que os outros pensavam a meu respeito. Eu realmente me esforçava muito para agir dessa forma. Foi necessário alguém me odiar para que eu visse como era inútil aquela necessidade de ter a afeição de todos.

Em outras palavras, a vida naquela comunidade teve muitos benefícios suplementares. Um dos meus aspectos favoritos da vida monástica era a inclusão. Eu gostava porque era aberto a todos. Você não precisa ser inteligente para se tornar um monge ou uma monja. Não precisa se sair bem na escola nem ser alguém maduro para se juntar a um mosteiro. Só precisa demonstrar suas boas intenções da melhor forma que conseguir.

A cultura em um mosteiro da Tradição das Florestas é baseada no consenso. Os monges ou as monjas que vivem lá têm de expressar uns para os outros o seguinte: *Estou preparado para lidar com você. Você não precisa ser perfeito, não tem que ser intelectualmente perspicaz, e eu nem preciso gostar de você. Mas estou preparado para lidar com você.* Uma parte fundamental da vida monástica era fazer tudo junto. E todas as nossas tarefas tinham como base um princípio que me atraía muito: esteja sempre presente em tudo o que fizer, não importa o quê. Nenhuma atividade é mais importante que outra. Dar um sermão para as monjas do hospital local não é melhor nem mais chique do que varrer uma trilha, lavar a louça ou deixar tudo em ordem.

Então, mesmo que as coisas não tenham saído conforme o esperado, elas aconteceram exatamente do jeito que deveriam. Aprendemos o convívio com o próprio ato de conviver. E, à medida que as ondas iam e vinham, reuníamos a força para ficar naquela praia e aparar nossas superfícies ásperas até ficarmos mais suaves.

ONZE

O ritmo de um mosteiro da floresta

Eu já era monge havia um ano quando meus pais visitaram o mosteiro pela primeira vez. Eu tinha o intenso fervor de um recém-convertido e estava mergulhando de cabeça na minha nova vida. Eu havia me encontrado e acreditava ter o caminho para *todas* as respostas. No meu mundo, Buda era capaz de responder até mesmo as grandes perguntas. Mas o que meu pai e minha mãe achavam de tudo aquilo?

Meu pai provavelmente passou a maior parte do tempo saindo por aí para fumar escondido, pois era proibido fazer isso no terreno do mosteiro. No terceiro dia da visita, não consegui me conter e perguntei:

— Então, pai, o que acha daqui? E do modo de vida que levo?

Ele olhou para mim, deu uma longa tragada no cigarro e respondeu:

— Parece um pouco com os escoteiros, mas com mais preceitos morais.

A abordagem da minha mãe foi mais prática. Na manhã do segundo dia, ela saiu da casinha de hóspedes carregando uma posta enorme de salmão embalada a vácuo. Foi até a precária cozinha do mosteiro onde preparávamos a comida direto sobre as chamas e anunciou:

— Vou fazer canapés de salmão para todos os monges e monjas!

Ela trouxera molho de mostarda da Suécia, é claro.

Antes de nos sentarmos para comer naquele dia, percebi que minha mãe estava ansiosa para conversar com nosso professor, o monge superior Ajahn Passano. Mas ela já sabia que as refeições em um mosteiro tailandês tinham características cerimoniais e que interrupções não eram bem-vindas. Os monges e monjas se sentam, entoam uma bênção e comem em silêncio. Os hóspedes geralmente fazem a refeição na cozinha, onde a atmosfera é completamente diferente, quase festiva.

Avós das aldeias vizinhas usam o mosteiro como um clube social. Chegam de manhã com os netos e passam a maior parte do dia na cozinha, fofocando e ajudando os cozinheiros. Eram bondosas e, sempre que possível, preparavam legumes salteados, pois sabiam que a maioria de nós, ocidentais, preferia comida vegetariana, uma coisa que não é muito comum na zona rural da Tailândia. Minha mãe adorava ficar na cozinha do mosteiro, pois gosta de crianças e de estar perto das pessoas. Ela ficou bem à vontade, mesmo sem entender nada do que diziam.

Assim que os monges terminaram a refeição e nosso professor canadense colocou a colher no prato, minha mãe foi até ele e disse:

— Oi, meu nome é Kylle, sou mãe do Natthiko. Quanto tempo levou para você poder ir para casa visitar seus pais depois que se tornou monge?

— Minha querida Kylle, que azar essa ter sido sua primeira pergunta! — exclamou Ajahn Passano. — Sabe o que aconteceu? Só fazia três anos que eu era monge quando me perguntaram se eu aceitaria ser o abade daqui. Não é um trabalho muito popular. Você está sempre ocupado, e as pessoas esperam muito de você. As pessoas que vieram aqui para se tornar monges ou monjas abriram mão de muita coisa, por isso chegam cheias de expectativas e medos. Esse é um trabalho muito delicado. É quase como ser uma pessoa pública, e envolve muita responsabilidade. E lembre que muitos de nós vieram para cá para levar uma vida mais tranquila e reclusa. Mas senti que aceitar a proposta era a coisa certa a se fazer, já que ninguém mais estava disposto a isso. Então abracei a responsabilidade. Isso me deixou tão ocupado que fiquei doze anos sem ter uma semana sequer de folga. Em outras palavras, só depois de dezesseis anos eu pude visitar minha família em casa.

Aquilo com certeza não era o que minha mãe queria ouvir. Não escutei a resposta, mas a expressão no seu rosto demonstrava algo do tipo: *Impossível que Björn fique tanto tempo assim longe da família.*

Quando uso a palavra "abade", sinto que ela é um pouco imprópria por causa das fortes ligações cristãs. Geralmente as pessoas pensam em um monge medieval atarracado fazendo queijo. Mas não consegui encontrar uma tradução melhor para me referir ao responsável por todo o mosteiro budista, então decidi usá-la mesmo assim. De qualquer forma, ela transmite a ideia de quem está no comando. Além do abade, existem os monges superiores, que são os que têm mais de dez anos de ordem. Ser um monge superior garante o uso do título *Ajahn*, que é a palavra tailandesa para "professor".

Nosso mosteiro era singular, pois abrigava monges de muitos países diferentes. Às vezes, o contraste cultural era muito perceptível. Por exemplo, os monges do Ocidente e os do Sudeste Asiático tinham expectativas bem distintas em relação à hierarquia, que na sociedade tailandesa é marcadamente pa-

56

triarcal por tradição. Assim os monges oriundos da Tailândia e dos países vizinhos associavam a vida monástica à estrutura de uma família. O abade representava o "pai". A partir dessa perspectiva, a obediência característica em uma hierarquia era considerada normal e o líder, a figura paterna, tinha a confiança automática de todos. Nós, os monges ocidentais, víamos a vida monástica como algo mais relacionado a *trabalho*, situando o abade em um papel mais próximo ao de "chefe". Isso denotava um grau menor de confiança e uma atitude distinta em relação às obrigações e à divisão do trabalho.

A vida na Tailândia também é, em grande medida, regida pela emoção. Não há problema nenhum em simplesmente dizer "Eu não me sinto bem em relação a isso" em meio a deliberações de tarefas ou decisões. Para aqueles de nós que cresceram na cultura organizacional ocidental, é difícil entender como esse tipo de argumento pode ser levado tão a sério.

A vida monástica na Tailândia é construída em torno da rotina e, dessa forma, é relativamente previsível. Isso torna o dia a dia naturalmente sossegado. Havia muito menos a absorver e processar do que no mundo ocidental, assim você chegava ao fim do dia com a mente menos exausta. Logo ficou bem evidente que o meu cérebro estava bem menos ocupado.

Nosso despertador tocava às três da manhã. Meia hora depois, todos se reuniam em um dos dois salões de meditação. Nunca me acostumei com a procissão noturna, com todas aquelas raízes de árvore que mais pareciam cobras no caminho. Na verdade, algumas vezes *eram* cobras, então não adiantava muito tentar me convencer de que aquilo era coisa da minha cabeça. Como havia um certo nível de prestígio em ter poucas posses, alguns monges insistiam em atravessar a trilha descalços e sem lanterna. Pisei em cobra duas vezes e fiquei muito assustado em ambas as ocasiões. E não eram do tipo inofensivo. Alguém tentou me acalmar depois, dizendo que o motivo de a cobra ter sido tão lenta e não ter conseguido me picar foi porque ela era uma das mais venenosas da floresta e, por isso, tinha menos motivos para ser ágil.

Que ótimo, obrigado, estou me sentindo muito melhor agora.

O salão de meditação nos limites da floresta não tinha paredes, assim o vento podia atravessá-lo. Colunas sustentavam o teto, e uma estátua dourada de Buda repousava ao final do piso de ladrilho. Vários ventiladores de teto bem bonitos davam o seu melhor para espantar os mosquitos. Ao entrar no salão, nós nos ajoelhávamos e fazíamos uma reverência, bem semelhante à reverência muçulmana: ajoelhávamos e, em seguida, levávamos ao chão as palmas das mãos e a testa, bem devagar.

O salão de meditação não era o único lugar que exigia a reverência ritual. Ao sentar nos aposentos de um templo da Tradição das Florestas que tenham uma estátua de Buda, é necessário fazer três reverências a ela. E, ao se levantar, é preciso fazer mais três. Considerando que o ato de sentar e de ficar de pé ocorre algumas vezes por dia, e que praticamente todos os cômodos de um mosteiro da Tradição das Florestas possuem pelo menos uma estátua de Buda, fazíamos *muitas* reverências. No início, eu achava a prática peculiar e estranha, mas, com o tempo, comecei a entender o significado.

O Buda era muito sábio e claro em relação à natureza dos rituais. Rituais e cerimônias não têm nenhum sentido intrínseco. Somos nós que os *dotamos* de sentido. Como monge ou monja, você deve infundir todas as suas ações com um significado relevante para *você*.

Com o tempo, as reverências me imbuíram de uma confiança crescente — uma convicção expansiva, que abrangia tudo

— de que havia neste mundo uma fonte de sabedoria melhor do que meu ego barulhento.

Depois da reverência inicial, nós cantávamos. As palavras e os ensinamentos do Buda foram preservados em uma rica coleção de cânticos e textos. É uma grande diferença em relação a Jesus, pois Buda tinha 35 anos quando começou a compartilhar suas grandes descobertas e pôde fazer isso por mais 45. Assim, dezenas de milhares de monjas e monges hoje têm como hobby decorar as respostas que o próprio Buda deu às dúvidas de sua congregação. Após os cânticos, tínhamos um longo período de meditação, o primeiro do dia.

Os monges não têm permissão para sair do mosteiro antes do alvorecer. Mas assim que o sol nasce, é hora de sair em mendicância, a minha parte favorita do dia. Formávamos grupos de cinco ou seis, seguindo em direções diferentes. Sempre descalços, em fila única, passando em silêncio pela aldeia. Todos carregávamos tigelas penduradas no pescoço por uma faixa. Em geral, as pessoas dispostas a nos dar um pouco de comida caseira nos aguardavam na rua ou chamavam de suas casas, avisando que sairiam em um minuto e pedindo com educação que esperássemos.

No fim das rondas, voltávamos ao mosteiro com as esmolas que tínhamos recebido, como frutas, arroz, ovos, embalagens com comida pronta, sobremesas enroladas em folhas de bananeira. Nada daquilo era propriedade de ninguém, tudo era considerado um bem comum e colocado em enormes travessas esmaltadas, que, em seguida, eram levadas para a cozinha. Lá, cozinhava-se o que precisava ser cozido e eram montados os pratos para servir. Às vezes, moradores de uma aldeia próxima comemoravam o aniversário de alguém ou se reuniam para lembrar o falecimento de um ente querido. Nessas ocasiões, a família costumava levar alimentos ao mosteiro.

Sempre havia comida o suficiente. Mais do que o suficiente até. Os moradores das redondezas eram bem-vindos na cozinha do mosteiro e sempre lhes era oferecida uma refeição, precisassem eles ou não. Afinal de contas, aquela parte da Tailândia era muito pobre. O mesmo acontecia com os donativos que recebíamos. Qualquer coisa que não fosse usada era passada adiante. E, como o nosso mosteiro contava com uma boa reputação, tínhamos muitos apoiadores, inclusive pessoas ricas de grandes cidades, que gostavam muito de contribuir. Graças a essas pessoas, o nosso mosteiro podia, por exemplo, financiar uma grande ala de um hospital local. Então, havia uma ótima redistribuição de recursos e uma reciprocidade entre nós e a população local.

Às oito e meia da manhã, sentávamos para a única refeição do dia. Levei anos para me acostumar a comer apenas uma vez por dia! No início, eu passava grande parte da meditação pensando em pizza e sorvete. Monges, monjas e hóspedes que fossem permanecer pelo menos três dias no mosteiro deviam se acomodar no salão de meditação perto da cozinha meia hora antes da refeição. A ideia era se alimentar com atenção plena. Era um aspecto importante do clima contemplativo da refeição. Ficávamos sentados em uma plataforma na altura dos joelhos e comíamos em silêncio e concentrados. A organização dos lugares era feita com base no tempo de cada um na ordem. A pessoa que usava a túnica há mais tempo se sentava mais perto de Buda e era servida primeiro.

A refeição acabava por volta das nove e meia da manhã. Depois disso, os monges tinham um "tempinho livre" até as três da tarde. Muitos de nós ocupavam a maior parte do dia com a prática de meditação caminhando. Era a minha atividade favorita. Também havia meditação sentado, ioga, tai chi, estudos, leitura, escrita, fofoca, faxina, lavanderia e cochilo.

Entre as três e as cinco da tarde, nós nos dedicávamos ao trabalho. Isso costumava envolver trabalho braçal extenuante. Afinal de contas, vivíamos em uma floresta tropical, então havia muita poda e muito cultivo a serem feitos. Às vezes, até cem pessoas se organizavam em fila para passar baldes de cimento de mão em mão. Sempre havia algo que precisava ser construído, consertado ou ajustado. Ou o filtro do tanque em que coletávamos água da chuva precisava ser limpo, ou alguém tinha que acessar a internet para renovar os vistos.

Cada um dos monges era encarregado de responsabilidades diferentes por períodos maiores ou menores, e em geral cabia a mim a tarefa de cuidar dos muitos visitantes que vinham ao mosteiro. Passei metade da minha vida monástica como um monge anfitrião. O fato de falar seis idiomas era muito útil, é claro, e eu achava a tarefa agradável na maior parte do tempo, mesmo que tivesse de estar preparado para ser muito importunado. Como era o único internacional, nosso mosteiro atraía muitos visitantes. Quase diariamente, apareciam ônibus lotados de turistas ávidos por saber como vivíamos. Muitos tailandeses achavam os monges ocidentais *incrivelmente* exóticos. Até mesmo os nativos consideravam ser monge muito difícil. E, então, *nós* aparecemos, do Ocidente, abrindo mão de tudo para seguir Buda. E continuávamos lá! Era uma fonte de orgulho para os tailandeses, que ficavam muito impressionados conosco.

Às cinco da tarde, era chegada a hora do tão esperado intervalo para chá e café. Nós, monges, jejuávamos a partir das nove da manhã, tomando apenas água, então as bebidas quentes e doces eram mais do que bem-vindas no fim da tarde. Eu tinha um pequeno vício em café, e sem dúvida a falta de cafeína era responsável pela minha incapacidade persistente de me manter acordado. A hora do chá costumava ser divertida, agradável.

Às vezes, nosso professor nos convidava a fazer perguntas e, às vezes, apenas filosofava.

Por volta das seis e meia ou sete horas da noite, nós nos levantávamos e lavávamos nossas xícaras. A meu ver, era o momento ideal para meditar por um tempo, já que a cafeína corria pelas minhas veias e, dessa forma, eu tinha menos chance de cochilar. Às oito e meia da noite, nós nos reuníamos novamente no salão de meditação e passávamos mais ou menos pela mesma rotina matinal: reverência, canto, meditação. Um dia normal chegava ao fim por volta das nove horas da noite. Uma ou duas vezes por semana, nosso professor dava um sermão noturno, e esses dias costumavam acabar por volta das dez da noite, quando nos recolhíamos.

Eu tenho a vívida lembrança de uma noite específica. Depois do intervalo do chá, saí para meditar sozinho. Eram quase sete horas da noite, e, a não ser pela luz de algumas velas, minha cabana estava mergulhada em escuridão. Eu estava sentado ali sozinho quando ouvi uma voz ao meu lado. Era um monge amigo que viera me dizer que alguém na cozinha estava perguntando por mim. Era muito raro que alguém fosse interrompido durante a meditação, então fiquei imaginando quem poderia ser, mas meu amigo não disse nada. Pegamos nossa lanterna e iluminamos o caminho de volta para onde ficava a cozinha.

De longe, consegui distinguir a silhueta de duas pessoas na penumbra. Quando me aproximei, um refletor foi aceso de repente. Fiquei sem enxergar e comecei a piscar freneticamente na luz forte, e depois pude sentir alguém colocar uma coisa macia próxima ao meu rosto. Logo percebi que se tratava de um microfone ligado a uma tela. Quando ergui o olhar, finalmente consegui ver a pessoa que o estava segurando. Era um rosto familiar e, com toda a minha sabedoria budista, as palavras que saíram da minha boca foram:

— Eu já vi você na TV!

Era a jornalista sueca Stina Dabrowski.

Stina e sua equipe tinham ido para a Tailândia para entrevistar o rei Bhumibol, mas ele havia cancelado o encontro na última hora. Então, alguém no consulado da Suécia informara que havia um sueco lá, um ex-economista, que estava brincando de monge da Tradição das Florestas em algum lugar próximo à fronteira com o Laos. Stina e seu cinegrafista quiseram visitar nosso mosteiro para compensar a longa viagem. Passaram um dia inteiro conosco, e Stina nos acompanhou durante a ronda de mendicância na manhã seguinte. Ela nos deu bananas para colocar nas tigelas.

Depois do desjejum, Stina e o cinegrafista prepararam um cenário adorável na floresta, com um tapete estendido para nos acomodarmos enquanto ela me entrevistava. A reação da jornalista ao nosso mosteiro foi ambígua. Por um lado, o local parecia decente, com pessoas gentis, calmas e bondosas que se ouviam e ajudavam umas às outras. Em suma, com pessoas mais atentas. E é fácil gostar disso. Por outro lado, os residentes do mosteiro tinham escolhido dar as costas para tudo que as "pessoas normais" tendiam a priorizar, desde bebedeiras depois do trabalho e jantares com amigos até ter filhos ou relacionamentos românticos. É uma escolha que muitas pessoas consideram uma afronta.

Talvez a parte afrontada de Stina estivesse no comando quando perguntou:

— Mas sério, Björn, o que seria do mundo se todos decidissem virar um monge ou uma monja?

Eu calmamente respondi:

— Stina, eu acho que não seria tão diferente de todo mundo decidir virar jornalista de TV.

DOZE

Sabedoria kitsch

São *extremamente* escassos os estímulos em um mosteiro tailandês da Tradição das Florestas, num grau que é até difícil de imaginar. É óbvio que não tínhamos acesso a nenhum tipo de entretenimento ou cultura popular com os quais nós, ocidentais, costumamos nos distrair. Os livros mais lidos da biblioteca do mosteiro eram os que meu irmão me mandava de presente de aniversário e de Natal todos os anos: coletâneas de tirinhas de *Calvin e Haroldo*. Por incrível que pareça, muitos de nós éramos fãs dessas pérolas da literatura. Você nem imagina como os exemplares ficavam surrados e gastos! Um monge chamado Kondañño era um grande fã. Uma coisa engraçada é que ele não tinha *o menor* interesse em budismo e meditação. Ele só gostava dos aspectos práticos da vida monástica. Como construir coisas. Ou ler histórias em quadrinho.

Um dia, eu estava sentado no salão de meditação, aguardando o horário de comer. Como mencionei antes, é difícil não dar atenção à comida quando você passa 23 horas e meia do dia em jejum. Eu estava praticamente obcecado. Então, sentei-me ali, a postos, já tendo percebido, inclusive, que meu prato favorito estava no bufê do dia — um tipo de arroz doce espesso, cozido no leite de coco e servido com fatias de manga. Pensar naquela sobremesa tornava bem difícil esperar com paciência e sentir gratidão pela refeição. Eu também estava ocupado tentando calcular se haveria o suficiente para todos até chegar a minha vez. Como não fazia muito tempo que eu chegara ao mosteiro, muita gente era servida antes de mim. Olhei em volta um pouco ansioso, tentando encontrar outra coisa além de comida em que pensar. Um cilindro de plástico *muito* colorido à minha direita chamou minha atenção.

Na faculdade de economia de Estocolmo, aprendemos que, para uma economia de mercado prosperar, deve haver um fluxo livre de informações para que todos os envolvidos tenham acesso aos mesmos dados. Em diversos aspectos, a economia do mosteiro era muito *imperfeita*. Nossa vida monástica se baseava inteiramente em doações, esmolas e generosidade. Nunca pedíamos nada; a única exceção a essa regra era quando nos perguntavam a melhor forma de nos ajudar. Na maior parte do tempo, porém, as pessoas simplesmente doavam o que achavam que precisávamos. O resultado disso, entre outras coisas, era que acabávamos com excesso de alguns produtos, como papel higiênico. Tínhamos rolos e mais rolos de papel higiênico! Nossa criatividade era testada ao máximo enquanto procurávamos formas engenhosas de usar tanto papel.

Em uma visita ao Japão, um dos patronos ricos do mosteiro descobriu uma espécie de cilindro de plástico que era oco, assim podia ser usado para cobrir um rolo de papel higiênico. Então, ao tirar o rolo de papelão do meio, você poderia puxar a quantidade necessária de papel por um buraco no meio, transformando o rolo de papel higiênico em guardanapos, algo muito útil e adequado para a mesa de refeições.

É um fato bastante conhecido que os asiáticos, principalmente os japoneses, têm uma certa tendência a gostar de coisas no estilo kitsch. O tal cilindro de plástico é um excelente exemplo disso. E lá estava eu, hipnotizado pelo porta-guardanapo amarelo e rosa-choque com um desenho da Hello Kitty.

Desestimulado como estava, peguei o cilindro para dar uma olhadinha e ver se havia alguma coisa escrita. Era exatamente como acontecia durante minha infância, antes do advento do telefone celular, quando as pessoas liam o verso da caixa de leite enquanto tomavam café da manhã. E eu não fiquei decepcionado. Bem embaixo, em volta da base, avistei uma citação que me deixou encantado: "O conhecimento se orgulha de tudo que sabe. A sabedoria é humilde diante de tudo que não sabe."

Quem diria! Sabedoria milenar escrita em um cilindro espalhafatoso de plástico. Aquilo me fez pensar que não se prender em um estado de certeza pode ser valoroso. Se você sempre se agarra ao que acha que já sabe, acaba se fechando e perdendo muita coisa. Se quisermos ter acesso a uma sabedoria superior, temos que nos libertar de algumas convicções e nos sentir confortáveis com o desconhecido. A crença de que tudo sabe costuma ser um problema. A noção de não saber dificilmente é.

Se sempre nos apegamos ao que acreditamos ser do nosso conhecimento, como vamos descobrir coisas novas? Como podemos aprender? Como vamos extrapolar, improvisar e brincar? Como podemos encontrar uma maneira de fazer com que um mais um vire três?

Se você quer saber como se sente uma pessoa que nunca ouviu a sabedoria da sua voz interior, que está eternamente hipnotizada pelos próprios pensamentos e que está cheia de certezas inabaláveis, permitam-me dar um exemplo pedagógico tirado diretamente de um clássico da sabedoria ocidental: *O Ursinho Pooh*.

Em uma cena, Pooh e Leitão estão passeando. Tenho certeza de que você consegue imaginar Pooh com a camisetinha vermelha e Leitão com a roupinha cor-de-rosa. Depois de parar na casa do Coelho, Pooh diz:

— O Coelho é inteligente.

— É mesmo. O Coelho é inteligente — concorda Leitão.

— E ele tem um cérebro na cachola — continua Pooh.

— É mesmo. O Coelho tem um cérebro na cachola — concorda Leitão.

Segue-se um longo silêncio antes de Pooh dizer:

— Acho que é por isso que ele nunca entende nada.

É algo com que todos se identificam. Quem vive absorto nos próprios pensamentos não costuma estar presente. São pessoas limitadas. O Coelho pode ser inteligente e ter um cérebro na cachola. Mas se me perguntarem se prefiro viver como o Coelho ou como o Ursinho Pooh, a resposta é bem óbvia, pelo menos para mim. E eu acho que todos nós precisamos encontrar nosso Ursinho Pooh interior e sair pelo mundo exatamente como o personagem: de olhos bem abertos, sempre presentes e conscientes.

Quando converso com pessoas que são como o Coelho, alguém que se apega a tudo que acha que sabe, eu raramente me divirto. Tenho a impressão de que elas não me ouvem. É como se estivessem ocupadas demais pensando no que vão dizer no instante em que eu finalmente parar de falar. Elas também têm uma tendência a avaliar e revisar tudo que digo. Minhas opiniões e perspectivas só são aprovadas quando estão de acordo com a visão que *essas pessoas* têm do mundo. Não há mistério nisso. Em outras palavras: não é nada divertido estar com esse tipo de gente.

E o inverso é verdadeiro. Todos sabemos como pode ser bom conversar com alguém que lhe dá atenção, que ouve o que você tem a dizer de forma interessada e curiosa, não é? Uma pessoa que talvez seja capaz de se colocar no seu lugar por um instante e caminhar um pouco ao seu lado. É esse tipo de escuta que cura de verdade. Quando nos encontramos nesse nível, podemos aprender muito sobre nós mesmos: *Uau, olhe só para mim, compartilhando e explicando, dizendo coisas que eu nem sabia que pensava, sentia ou acreditava. Que maneiro!* Ouvir sem preconceitos e julgamentos ajuda a compreensão de nós mesmos. E isso não é pouca coisa! Tem algo interessante aí.

A essa altura, tenho certeza de que você já percebeu que sou um grande fã de histórias. Não sei bem de onde surgiu essa que vou contar, mas quero contar mesmo assim. É sobre um homem que escala uma montanha. Ele já tinha subido metade do caminho e conseguia ver como a encosta era íngreme. A trilha estava estreita e escorregadia por causa da chuva. No meio da trilha, há uma pedra redonda ainda mais escorregadia. O homem não percebe, escorrega e cai pela beirada. Desesperado, estende os braços tentando encontrar alguma coisa na qual se segurar. Por milagre, consegue se segurar em uma arvorezinha que se projeta horizontalmente da rocha. E ele se segura firme ali.

Esse homem nunca tivera nenhum interesse espiritual e nunca expressara nenhuma crença religiosa. O tempo passa. Pouco a pouco, começa a perder a força nos braços. Os músculos começam a ficar trêmulos. Abaixo dele há uma altura de quinhentos metros. Ele é tomado pelo pânico quando percebe que não vai conseguir aguentar por muito mais tempo. Então, olha para o céu e clama, hesitante:

— Olá? Deus? Você consegue me ouvir? Se você existe mesmo, uma ajudinha aqui viria a calhar.

Depois de um tempo, uma voz grave e firme é ouvida do céu.

— Aqui é Deus. Eu posso ajudá-lo. Mas você tem que fazer exatamente o que eu disser.

— Claro, Deus, eu faço qualquer coisa!

— Solte a árvore — disse Deus.

O homem pensa por alguns segundos e responde:

— Hum... tem mais alguém aí em cima com quem eu possa falar?

Eu me identifico muito com essa história, porque é *exatamente* como me sinto quando me vejo preso a alguma crença inabalável. Eu *não quero* me libertar do pensamento porque ele é *certo*.

Todos nós nos prendemos a essa "lógica" às vezes. Principalmente quando estamos para baixo. Nós nos agarramos a certas crenças. Talvez tenhamos lido alguma coisa em um livro sobre como é fácil subestimar a capacidade que nossos próprios pensamentos têm de nos prejudicar e quanto sofrimento mental podemos criar para nós mesmos quando acreditamos em coisas que nos prejudicam. Mas, logo em seguida, pensamos: *Claro, isso parece muito inteligente. Mas eu nunca vou abandonar esse pensamento. Esse pensamento específico é verdadeiro e correto.*

Sim, a partir da nossa perspectiva limitada daquele momento, aquilo é inquestionável. Mas que *efeito* isso tem em você?

A prática de me libertar é uma das coisas mais importantes que aprendi. É uma sabedoria profunda. Aprimorá-la sempre traz mais benefícios. A única forma de abandonar pensamentos prejudiciais, que nos diminuem e nos fazem sentir inúteis, sozinhos, temerosos, tristes e zangados, é nos libertar deles. *Mesmo* que sejam "certos". É claro que fazer isso é bem mais fácil na teoria do que na prática. Mas vale enfatizar que, no fim das contas, os pensamentos que mais nos prejudicam são justamente os que mais temos dificuldade de abandonar.

TREZE

O mantra mágico

Uma vez por semana, passávamos a noite toda meditando. Havia alguns momentos de cânticos e reverências, mas a maior parte da noite era dedicada à meditação silenciosa. Era o equivalente budista de um dia santo, uma ocasião com certa solenidade. Eu sempre encarava aquelas noites com um misto de apreensão e prazer. Prazer porque eram lindas. Apreensão porque eu tinha muita dificuldade de me manter acordado.

Uma noite específica se sobressai na minha lembrança. Era lua cheia. Céu límpido. Sem vento. Estávamos todos reunidos no belo salão de meditação com suas enormes janelas sem vidro. Conseguíamos ouvir uma variedade imensa de sons vindos da floresta: pássaros, insetos, o farfalhar de folhas enquanto os animais se moviam. O cheiro familiar de incenso e pomada canforada enchia o ambiente. Centenas de velas iluminavam o salão, que tinha sido lindamente decorado com flores de lótus, além das duas estátuas de bronze enormes de Buda olhando por nós. Mediam aproximadamente três metros de altura, e, toda semana, na véspera das meditações noturnas, trinta monges poliam cada centímetro delas para que ficassem ainda mais reluzentes sob a luz das velas.

O salão ficava cheio de monges e congregantes. Costumava haver cerca de 150 pessoas meditando de pernas cruzadas no chão. Bem, suponho que 149 estivessem meditando, pois no meu caso as meditações noturnas eram um longo exercício de humilhação. Para mim era quase impossível não tirar um cochilo. E eu me esforçava. De verdade. Acho que eu parecia um barco naquelas noites, balançando de um lado para outro na minha exaustão.

Eu tinha desistido de muita coisa para estar ali. Abandonei uma carreira promissora, abri mão de todas as minhas posses, deixei meus entes queridos para trás, tudo para me tornar membro da Tradição Tailandesa das Florestas. E eu parecia incapaz de fazer justamente a atividade que mais ocupava o tempo dos monges e monjas budistas. Irônico, não?

Para meu alívio, as coisas começaram a melhorar por volta de meia-noite. Foi quando o nosso monge noviço, um ex-pianista de jazz que veio dos Estados Unidos, trouxe vários caldeirões de alumínio. Ele e alguns outros noviços tinham passado uma hora preparando um café forte e doce para nós. Os moradores do mosteiro estavam sentados ao longo do lindo salão arejado. Vinte monges de diversos países. Tomamos nosso café com reverência. Alguém brincou que, com tamanha habilidade para preparar café, aquele noviço em particular teria um destino grandioso.

Por fim, nosso professor foi até a frente do salão para dar início ao sermão da noite. Meu primeiro abade, Ajahn Passano, tinha ido embora da Tailândia para abrir um novo mosteiro nos Estados Unidos, sendo sucedido por Ajahn Jayasaro, do Reino Unido, outro monge incrível. Ele se sentou em posição de lótus no chão e ajeitou a túnica ocre. Tinha um coração excepcionalmente aberto e uma mente afiada, e não havia nenhum obstáculo no canal que interligava os dois.

Todos no salão, monges, monjas e congregantes, prestavam atenção. Ajahn Jayasaro era um orador habilidoso e, naquela noite em particular, surpreendeu a todos ao fazer uma declaração inesperada:

— Esta noite, quero ensinar a vocês um mantra mágico.

Fomos pegos de surpresa. Afinal, a Tradição das Florestas é conhecida por rejeitar qualquer coisa que tenha a ver com magia ou misticismo, pois não vê nenhum valor nesse tipo de coisa. Ajahn Jayasaro continuou calmamente, no seu tailandês quase impecável:

— Da próxima vez que sentirem um confronto surgindo, que as coisas estão prestes a sair do controle com alguém, apenas repitam esse mantra três vezes de forma sincera e com convicção, no idioma que preferirem, e as suas preocupações vão evaporar, como o orvalho da grama em uma manhã de verão.

Ele tinha a nossa completa atenção. O silêncio reinava enquanto esperávamos o que viria. Ele se inclinou um pouco para a frente, fez uma pausa dramática e disse:

— Tudo bem, todos estão me ouvindo? Aqui está o mantra mágico:

Eu posso estar errado.
Eu posso estar errado.
Eu posso estar errado.

Já se passaram vinte anos desde aquela noite, mas ainda penso nela. Talvez você esteja familiarizado com esse sentimento, de que seu corpo reconhece e reage à verdade muito mais rápido do que seu cérebro é capaz de acompanhar. Essas coisas ficam marcadas na memória. Para sempre.

Dito isso, sou o primeiro a admitir que é especialmente desafiador recordar esse mantra nos momentos que mais preciso dele. Mas, quando eu me lembro dele, sempre funciona. Ele me impulsiona em direção a uma atitude mais humilde e construtiva. Essa sabedoria é atemporal e obviamente não pertence a nenhuma religião.

Eu posso estar errado. Uma coisa tão simples. Tão verdadeira. Tão fácil de esquecer.

Certa vez, contei a história do mantra mágico em uma palestra da qual minha esposa, Elisabeth, participou. No dia seguinte, tivemos uma discussão durante o café da manhã. Minha obstinada criança interior faz birra de vez em quando, e me irritei com algo bobo. Acabei emburrado, daquele jeito que as pessoas ficam quando sabem que não têm argumentos nem motivos para isso. É um sentimento ridículo de se ter, seja lá qual for o motivo, mas continuamos emburrados e não conseguimos nos libertar da situação tão rápido quanto gostaríamos. Por sorte, fui abençoado com uma esposa muito mais equilibrada e madura do que eu. Com muita calma e um toque de humor, ela retrucou:

— Björn, sabe aquele mantra que você mencionou ontem? Talvez seja um bom momento para usá-lo, não acha?

E lá estava eu, do outro lado da mesa do café da manhã, diante de um prato de ovos, com o bico armado feito o de um garotinho de quatro anos. E respondi:

— Não, eu uso um mantra diferente agora: *você* pode estar errada.

Estou brincando agora, é claro. E consigo entender por que as pessoas têm ressalvas em relação ao mantra e o consideram simplista demais. Mas posso afirmar que manter esse tipo de perspectiva humilde não é nada fácil. Principalmente no calor do momento! Será que existe algum único ego neste planeta que ache fácil e natural dizer "eu posso estar errado"?

Não.

Será que os seres humanos têm acesso a algo maior, algo com a plena compreensão de que *talvez* estejamos errados?

Com certeza.

Imagine como o mundo seria se a maioria das pessoas se lembrasse, na maior parte do tempo, de que talvez esteja errada. Imagine como seriam as conversas.

Há oitocentos anos, um sufista persa, o mestre Rumi, disse: "Além das ideias de certo e errado, existe um campo. Quero me encontrar com você lá." Tenho quase certeza de que muitos de nós desejam esse campo e esses encontros.

Em certa ocasião da minha vida monástica, fui para um mosteiro na Inglaterra. Eu estava discutindo com alguém lá, e nosso maravilhoso abade Ajahn Sucitto olhou para mim e disse:

— Estar certo nunca é o mais importante.

Claro! É uma questão profundamente arraigada em nós, mas nada além disso. E ninguém precisa ser bem-sucedido logo de cara, pois só a prática leva à perfeição. Tentar é um direito de todos e ocorre de forma natural quando o objetivo é o nosso bem-estar. Acontece que poucas coisas garantem mais esse bem-estar do que se acostumar à ideia de que *eu posso estar errado, talvez eu não saiba tudo.*

Acreditar na nossa compreensão dos fatos, na nossa capacidade de interpretar de maneira correta o mundo à nossa volta, é algo que nos traz satisfação. Acreditar que nós *sabemos.* Que podemos decidir e determinar se algo é certo ou errado, se é bom ou mau. Temos a tendência de achar que a vida *deveria* seguir nossa vontade, ser do jeito que planejamos. Em geral, porém, as coisas não são assim. Na verdade, raramente são. E existe certa sabedoria em não esperar que a vida saia de acordo com nossas ideias e nossos sentimentos. Existe certa sabedoria em compreender que não temos a menor noção de nada.

CATORZE

Pode ser que sim, pode ser que não

Uma das minhas histórias favoritas é um conto de fadas chinês. Quem me contou pela primeira vez foi o nosso abade inglês Ajahn Jayasaro durante uma das noites de meditação. Como de costume, muita gente compareceu, tanto das aldeias próximas quanto das mais distantes. Devo dizer aqui que, àquela altura, Ajahn Jayasaro já havia se tornado uma figura muito popular na Tailândia. Vestiu a túnica ainda muito jovem e já era monge havia dez anos quando me juntei ao mosteiro. Ele devia ser apenas uns cinco ou seis anos mais velho que eu, mas, naquela época, já era famoso e respeitado no nosso meio. Era autor de alguns livros elogiados sobre o budismo, líder popular de meditação e vinha sendo conhecido por um público maior porque aparecia na televisão de vez em quando.

Ajahn Jayasaro era particularmente querido pela equipe da companhia aérea tailandesa. Vários deles tinham vindo de Bangkok naquela noite para meditar conosco, depois pegaram o voo na manhã seguinte para trabalhar. Tente imaginar a cena: entre 25 e 30 monges, todos em idade sexualmente ativa e vivendo no celibato. Celibato *total*. Estávamos sentados na lateral do salão de meditação, alinhados sobre um palanque elevado até a altura dos joelhos. Na nossa diagonal, havia umas oito ou dez comissárias de bordo *muito atraentes*, transparecendo harmonia enquanto permaneciam sentadas em posição de lótus no chão.

Ainda lutando contra o sono, não pude evitar a ideia de dar uma conferida à toa naquelas comissárias de bordo. Só um pouquinho. É claro que meu pensamento seguinte foi: *Mas o que é isso, Björn? Você escolheu ser um monge! Devia estar meditando, e não pensando em mulher! Melhor tomar jeito!* Mas fiquei discutindo com meus botões, insistindo que não era *eu* o responsável por aquela vontade. *É só uma questão biológica ou algo do tipo, aquela coisa que garante a sobrevivência da espécie, que nos trouxe até aqui diretamente da savana africana, o berço da humanidade. É algo positivo, vital, e não há nada de errado nisso. O budismo é bem tolerante em relação a esses impulsos básicos. Não se preocupe. Isso é uma coisa totalmente natural! E talvez eu possa dar uma espiada e ninguém vai nem notar.*

Eu me permiti olhar na direção das comissárias de bordo por um milésimo de segundo. Não foi o suficiente. *Acho que ninguém notou. Será que posso dar mais uma olhadinha?*

O tempo parecia se arrastar durante a sessão de meditação. Muitos congregantes estavam sentados com aprumo, numa postura atenta porém calma. Eu lutava desesperadamente contra o sono. Entre outras táticas, eu colocava uma agulha de costura entre o polegar e o indicador para me ajudar a ficar desperto e atento. Se começasse a cochilar, meus músculos relaxariam e a dor me acordaria. Mas não adiantou: quando a picada da agulha veio, continuei apagado. Por fim, diante da minha incapacidade de permanecer acordado, decidi partir para uma meditação caminhando. Eu costumava me sair melhor nessa modalidade. Fui até o fim do salão e logo descobri que eu era perfeitamente capaz de adormecer em pé também. Com certeza, não é nada bom despertar com a sensação de que seus joelhos estão cedendo e você está prestes a dar de cara no chão.

Mas eu não era o único. Algumas outras almas infelizes tinham o mesmo problema. Um deles, um monge americano, estava no mínimo tão desesperado quanto eu. Ele apanhou um pedaço de tecido em sua cabana, seguiu até uma das colunas nos fundos do salão e jogou a manta em um dos ventiladores de teto. Depois, pegou a faixa pendurada e amarrou na cabeça, assim não cairia ao meditar em pé.

Entre os frequentadores assíduos, um dos meus favoritos era uma senhora adorável e honrada. Tinha mais de 80 anos. Embora fosse laica, nunca perdia as meditações noturnas. Seu cabelo estava sempre preso em um coque grande e grisalho, e ela tinha o rosto redondo e uma expressão bondosa que *brilhava*. Parecia estar a meio caminho do paraíso. Muito bonita. Por incrível que pareça, ela sempre permanecia a noite toda sem parecer rígida, embora mantivesse as costas retas como um cabo de vassoura.

Em determinado momento naquela noite, a mulher saiu do salão de meditação para ir ao banheiro, passando por nós ao sair. Quando voltou, nos analisou por um instante. Então, ela se encaminhou direto para o abade lá na frente do salão e se ajoelhou diante dele. Como era considerado falta de educação interromper alguém durante a meditação, aquilo foi altamente incomum. Mas ela fez assim mesmo, dizendo baixinho:

— Perdoe-me. Sinto muito por interromper, mas eu preciso fazer isso porque acho que o monge americano está prestes a se matar.

Por volta da meia-noite, os noviços trouxeram as bebidas quentes. O café ajudou a me despertar um pouco. Depois disso, finalmente chegou a hora de nosso professor dar o sermão. É bem parecido com os sermões de domingo da tradição cristã, e muitos de nós realmente ansiavam por esse momento. Eu não era exceção. Ajahn Jayasaro era um grande exemplo e uma grande inspiração para mim. Assim que ele começava a falar, minha vontade era que o mundo inteiro parasse e ficasse em silêncio. Eu não queria perder nada.

Confiante, Ajahn Jayasaro deu início ao sermão. Em geral, o inglês era o idioma usado em nosso mosteiro, mas, como muitos moradores locais participavam das meditações noturnas, o sermão era feito em tailandês. Ajahn Jayasaro já era fluente, e eu aproveitava os sermões para praticar o idioma. Como ele era britânico, falava de forma mais lenta e clara do que os nativos.

Naquela noite específica, Ajahn Jayasaro nos contou uma antiga história chinesa que lembrava um conto de fadas. Ele descreveu uma aldeiazinha chinesa na qual um sábio vivia com seu filho adulto. Eles tinham um vizinho intrometido.

O sábio e o filho tinham uma pequena fazenda, na qual plantavam arroz. Para ajudar no cultivo, tinham um cavalo de tração. Um dia o cavalo fugiu do pasto e foi para a floresta. O vizinho intrometido meteu o nariz por cima da cerca e disse:

— Ah, que pena! Ontem vocês tinham um cavalo e hoje não têm mais! Como vão cuidar da fazenda sem nenhum animal? Que azar!

O fazendeiro sábio respondeu com a expressão tailandesa *Mai nae*, que significa algo do tipo "quem sabe?", mas prefiro traduzir como "pode ser que sim, pode ser que não".

Alguns dias depois, o cavalo voltou para a fazenda por vontade própria, acompanhado de dois cavalos selvagens. Os três entraram, satisfeitos, no pasto. O fazendeiro fechou a porteira depois que eles entraram e viu que o vizinho intrometido estava, mais uma vez, metendo o nariz onde não era chamado.

— Minha nossa! Ontem você não tinha nenhum animal para ajudar e hoje tem três cavalos. Que sorte a sua!

O fazendeiro sábio respondeu com calma:

— *Mai nae*. Pode ser que sim, pode ser que não.

Depois de um tempo, chegou a hora de domar os cavalos selvagens, domesticá-los. O filho do fazendeiro assumiu a tarefa. Pouco depois, porém, caiu de um dos cavalos e quebrou uma perna. E lá veio o vizinho intrometido:

— Ah, não! O seu filho, a única pessoa que ajuda você na fazenda, quebrou a perna. Agora ele não vai mais poder ajudar na plantação. Que azar o seu!

O fazendeiro respondeu:

— Pode ser que sim, pode ser que não.

Um tempo depois, o exército imperial colocou seus estandartes para tremularem ao vento nos picos das montanhas. O exército se aproximava da aldeia. Estavam em conflito na fronteira com a Mongólia, e todos os homens com idade para lutar foram obrigados a se alistar para lutar. Menos o filho do fazendeiro, é claro, porque estava com a perna quebrada. Ele recebeu autorização para permanecer na aldeia, e o vizinho intrometido apareceu mais uma vez:

— Imagine só! Todo mundo teve que abrir mão dos filhos para o exército, e muitos com certeza não vão voltar. Mas você conseguiu manter seu filho ao seu lado. Que sorte a sua!

O fazendeiro respondeu:

— Pode ser que sim, pode ser que não.

O fazendeiro não acredita que acontecimentos possam ser julgados como bons ou ruins. E essa atitude é libertadora, um sinal de sabedoria. Ter a noção de que sabemos pouco em relação ao futuro — separar de forma objetiva nossas *crenças* de nossas *certezas* — traz muitos ganhos. Quase nunca escuto alguém dizer: "E tudo saiu exatamente conforme eu imaginei." Pelo contrário. Ao menos no meu caso, eu teria que dar a mão à palmatória e admitir que a maioria das coisas com as quais me preocupei na vida nunca aconteceu. E as que de fato aconteceram nem passaram pela minha cabeça.

QUINZE

Fantasmas, ascetismo e luto

Na Tradição das Florestas, os monges e monjas se esforçam ao máximo para viver na floresta ou na selva. Porém eles dependem completamente de outras pessoas para se alimentarem, então não podem se estabelecer muito longe da civilização. Por isso a maioria dos mosteiros fica perto de uma ou mais aldeias. Bosques de cremação cumprem esses requisitos, já que a floresta em torno deles costuma ser preservada pelos moradores das redondezas. Nosso mosteiro foi construído em uma dessas áreas.

Bosques de cremação são os locais na Tailândia em que os aldeões tradicionais cremam seus mortos. Uma ou mais vezes por mês, os moradores trazem um grande caixão aberto e o colocam sobre um monte construído só para isso. Ateiam fogo sob o caixão e ficam observando o corpo queimar. Presenciei várias vezes essa prática, o que me ajudou a encarar a morte como uma parte natural e inevitável da vida.

Além da linda paisagem, os arredores desses bosques são propícios para os mosteiros porque os aldeões acreditam que os fantasmas aparecem ou vivem próximos desse local. Como muitos tailandeses têm um medo quase cômico de fantasmas, a maioria deles tem medo de ir até lá, principalmente à noite. Isso garante aos monges um certo grau de isolamento.

Eu me lembro de certa vez que nos afastamos da região nordeste da Tailândia rumo à fronteira com Myanmar, algo que fazíamos todo mês de fevereiro para fugir do calor escaldante e nos abrigar no frescor da floresta daquele planalto. Nosso ônibus parou em uma aldeia próxima a Kanchanaburi, onde os aldeões nos aguardavam, ansiosos. Eles nos contaram que gritos assustadores os mantinham acordados à noite e que aqueles fantasmas específicos gritavam em inglês. Ao que tudo indicava, existia uma vala comum da Segunda Guerra Mundial na aldeia, na qual estavam enterrados muitos soldados aliados que morreram como prisioneiros de guerra enquanto construíam a "ferrovia da morte" e a ponte sobre o rio Kwai. Éramos cerca de vinte monges da Tradição das Florestas, a maioria de origem ocidental. Formamos um círculo em volta da vala comum, entoamos algumas reflexões de Buda e demos as bênçãos tradicionais, tudo na língua litúrgica Pali. Em seguida, nosso abade, Ajahn Jayasaro, se dirigiu aos fantasmas em inglês:

— Viemos em paz. Vocês estão assustando esses aldeões com seus gritos à noite. Vocês já morreram. Não há mais nada para vocês aqui. Chegou a hora de seguirem em frente. Vão em paz.

Por algum motivo, isso bastou. Funcionou. Os fantasmas pararam de gritar, a vida dos aldeões seguiu em frente, e a nossa também.

Os dois meses que passávamos na floresta de altitude era a época em que eu mais me conectava com a natureza. O ônibus só avançava até determinado ponto, então precisávamos percorrer o último trecho a pé. Eram dois dias de caminhada. Um grupo de trabalhadores birmaneses havia construído algumas cabanas de bambu para nós. Estavam espalhadas pela floresta com distância suficiente para que não nos víssemos nem nos ouvíssemos enquanto estivéssemos lá.

À noite, o mosquiteiro era a única coisa entre mim e a floresta. Eu conseguia ouvir o ruído das patinhas dos insetos no telhado fino, o cricrilar dos grilos, o roçar das folhas contra algo indistinguível. Às vezes, enquanto estava meditando lá, eu me sentia como uma almôndega em um prato, esperando alguma criatura chegar para me engolir.

Certa noite, um monge holandês se deparou com dois tigres perto do rio. Por sorte, eles já tinham comido. Mas nem preciso dizer que ele ficou aterrorizado e saiu correndo o mais rápido que conseguiu. Surgiram algumas piadas sobre o "holandês voador" depois desse episódio. Ouvi um barulho alto uma noite, mas simplesmente me virei de lado e continuei dormindo. Na manhã seguinte, a margem do rio, a menos de vinte metros de onde ficava minha cabana, estava coberta de pegadas de elefante.

Um dia, depois da nossa refeição diária, pediram que ajudássemos a carregar uma estátua gigante de Buda, toda feita de bronze. Seria necessário levá-la para o topo de uma montanha, onde um pequeno santuário tinha sido erguido. Alguém tinha um Land Rover com um guincho. Outra pessoa dispôs alguns troncos como esteira para empurrar a estátua. Os birmaneses não conseguiram, então os tailandeses arregaçaram as mangas. E muitos monges também ajudaram, enquanto alguns ocidentais se esquivavam de toda aquela comoção. Ficamos um pouco afastados, apontando. Demos sugestões para executar a tarefa de forma mais rápida e com menos esforço. Nosso abade Ajahn Jayasaro pousou a mão no meu ombro e disse:

— Natthiko, o importante aqui não é a eficiência com que realizamos a tarefa, mas sim como nos sentimos depois.

Pela manhã, descíamos as montanhas para a ronda de mendicância no vale. Os gibões entoavam suas canções matinais na copa das árvores, e os calaus amansados ficavam só aguardando as nossas sobras. A aldeia era pobre, então nossas refeições diárias foram bem básicas naquele período. Às vezes, contávamos com arroz, bananas, sardinha enlatada e talvez um pouco mais. As condições lá eram ainda mais extremas do que no mosteiro, e eu nunca tinha sido obrigado a me enxergar de forma tão implacável. A experiência enriqueceu muito a minha vida desde então.

Escolhi a fronteira da Tailândia com Camboja para passar meu segundo ano como monge da Tradição das Florestas, o único ocidental em um mosteiro muito pobre. De vez em quando, ouvíamos minas explodindo ao longe. Em geral, eram acionadas por uma vaca ou uma cabra.

Ajahn Chah certa vez disse: "Ser um monge da floresta significa tentar desapegar e falhar noventa por cento das vezes."

Eu me lembrava disso todos os dias, principalmente na hora da refeição. Depois da ronda de mendicância, quando todos os pratos principais eram entregues para Ajahn Banjong, ele colocava tudo em um grande balde. Pedaços de carne de búfalo (ainda com pelos) eram misturados com espetos de frango e peixe seco.

— A comida é um remédio. É bom para que os monges mais jovens abandonem suas preferências alimentares — insistia Ajahn Banjong.

Bem, acho que você consegue entender a minha preferência por frutas naquele ano.

Durante o período de monções, que durava três meses, nós nos concentrávamos ainda mais na meditação. Ajahn Banjong decidiu que cada um de nós deveria equilibrar uma caixinha de fósforos na cabeça durante a meditação matinal. Se alguém a deixasse cair mais do que duas vezes, só comeria arroz naquele dia. Para um dorminhoco como eu, nem preciso dizer que aquele era um desafio e tanto. Durante as monções, porém, recebi mais que arroz na minha tigela todos os dias, exceto por uma única vez. E é claro que ajudou um pouco eu ter colado um pedaço de tecido áspero em um dos lados da caixinha e aprendido a dormir com o torso inclinado para a frente e o queixo ainda erguido.

No meu quarto ano como monge, fui convidado novamente a passar um ano em um mosteiro sem nenhum outro ocidental. Aproveitei a oportunidade e fui para o mosteiro que ficava perto do aeroporto de Bangkok. Quando o lugar foi fundado, não havia nada além de plantações de arroz em seu entorno, mas, na época em que cheguei, dez anos depois, o subúrbio já havia cercado o mosteiro. Da minha cabana simples, eu conseguia ver a cozinha de uma casa próxima. Dava para enxergar até o que tinha dentro da geladeira. Sempre que alguém a abria, eu via latinhas de cerveja Singha que se mostravam bastante tentadoras.

No decorrer daquele ano, uma tristeza forte e silenciosa começou a crescer no meu peito. Eu não entendia o que poderia estar causando aquele sentimento. Tentei me permitir sentir, aceitar, conversar com a tristeza. Tentei ser paciente. Mas nada parecia ajudar. Ela simplesmente estava cravada ali no meu peito, sugando toda a alegria da minha vida.

Certa tarde, depois do chá, senti que eu tinha chegado ao meu limite. Eu não conseguia mais continuar daquele jeito. Parecia que eu nunca mais voltaria a ser feliz. Então voltei para minha pequena cabana, pendurei minha túnica com cuidado, acendi um incenso e me ajoelhei diante do meu Buda de bronze. Uni as mãos no peito e, com a voz tensa e intensa, disse para a estátua:

— Não posso fazer isso. É maior que eu. Sinto-me completamente impotente. Ajude-me.

E, em seguida, comecei a fazer reverências. Várias e várias vezes.

Pouco a pouco, a tristeza começou a dar sinais. Não tentei resistir, apenas permiti que ela me tomasse por inteiro. Meus olhos ficaram marejados. Apenas úmidos no início, mas comecei a lacrimejar bastante depois. Meu corpo gemia, tremia e soluçava. Mas continuei fazendo as reverências. Depois de um tempo, as lágrimas começaram a diminuir e percebi que uma parte de mim estava calma e curiosa, consciente daquela explosão de angústia. As lágrimas, então, cessaram por completo, e fitei meus arredores com outros olhos. Tudo havia recuperado o brilho que eu tinha vivenciado naquela manhã, tantos anos antes, na casa dos meus avós em Karlskrona. A consciência tinha voltado. Eu me sentia calmo. Fui tomado por uma sensação de maravilhamento ao perceber que aquele encontro com a minha própria impotência era a chave para abrir a porta para a felicidade outra vez.

DEZESSEIS

Sofrimento psicológico autoinfligido

A maior parte do sofrimento psicológico que vivenciamos é *voluntário* e *autoinfligido*. Essa foi uma das maiores descobertas de Buda. É um estágio do desenvolvimento humano do qual não podemos escapar; todos passamos por ele, e é algo completamente natural. E é exatamente a esse ponto que eu sempre volto: o fato de acreditarmos nos pensamentos que nos prejudicam. Pensamentos que tornam difícil, penoso e complicado sermos nós mesmos.

Em algum lugar do consciente ou do subconsciente, sabemos que várias coisas que dificultam a vida são causadas pelos nossos próprios pensamentos. Nosso sofrimento psicológico não costuma ser causado por eventos externos, e sim por coisas que acontecem *dentro* de nós — os pensamentos que vêm à tona, nos quais podemos acreditar ou não. E é justamente na nossa mente que o sofrimento é criado. É na nossa mente que ele vive e floresce. Por tanto tempo quanto permitirmos.

O fato de o sofrimento psicológico ser causado por nós mesmos não o torna menos doloroso. De jeito nenhum. Mas entender que é autoinfligido nos oferece novas abordagens. Eu diria que essa é a principal razão para você não acreditar em cada um dos seus pensamentos.

Ter um insight desses pode ser bem difícil, pois requer uma quantidade imensa de humildade. Não podemos mais jogar a culpa nos outros nem nas circunstâncias. Mas isso também desperta nosso interesse: como posso lidar com meus próprios pensamentos e sentimentos de uma forma que *não* crie tanto sofrimento psicológico para mim?

Um lado da psique humana tem uma enorme tendência a jogar a culpa de tudo nos outros: *Se meus pais tivessem agido de forma diferente...*; *Se o pessoal do trabalho não tivesse sido tão cruel comigo...*; *Se aquele político tomasse decisões mais inteligentes...* Não há nada que possamos fazer quanto a isso, pois é um aspecto fundamental do nosso ego. Puramente natural. Quando a vida fica difícil, quando enfrentamos pressão psicológica, acusar alguém é mais fácil e nos deixa menos vulneráveis. Mesmo que gere certo nível de desconforto, porém, acaba se tornando necessário fazermos a seguinte pergunta: *Existe alguma coisa que eu possa fazer, aqui e agora, para me ajudar a me sentir menos mal em relação ao que está acontecendo?*

O mundo segue girando. Para facilitar a tarefa de sermos quem somos, nada nem ninguém precisa mudar. Porque quando estamos sob muita pressão, tristes, solitários, ansiosos, nos achando pequenos e inadequados, esses sentimentos certamente são causados por algum pensamento ao qual nos agarramos teimosamente, recusando-nos a deixá-lo pra lá. Em geral, é um pensamento totalmente racional, que costuma vir acompanhado de um "deveria": *Meu pai não deveria ter feito aquilo; Minha mãe não deveria ter dito aquilo; Meus amigos deveriam ter se lembrado; Meus filhos deveriam ter se importado; Meu chefe deveria saber; Meu companheiro deveria ser, dizer ou pensar diferente.*

E o pensamento que mais nos fere: eu deveria ser diferente. Eu deveria ser melhor. Deveria ser mais inteligente, mais esforçado, mais rico, mais magro, mais maduro. Você pode ficar preso nesse ciclo para sempre.

Mas também pode sair disso, dizendo gentilmente para si mesmo, com um sorriso nos lábios:

Obrigado pelo feedback. Entraremos em contato em breve.

DEZESSETE

Quantas latas de Pepsi um eremita consegue tomar?

Durante meu sétimo e último ano na Tailândia, vivi como eremita. Meus pais foram me visitar em fevereiro, como sempre, e viajamos até o parque nacional da província de Chanthaburi, onde subimos uma montanha juntos. Uma caminhada de vinte minutos nos levou até a cabana que seria meu lar pelos doze meses seguintes: uma cabana de bambu no meio da floresta, completamente dilapidada, cheia de goteiras e estragos causados pela monções. Tinha seis metros quadrados e um pé-direito tão baixo que eu mal conseguia ficar em pé. Meu pai pareceu cético. Mas, sendo um pai sábio, não fez comentários.

Naquela tarde, voltamos para o hotel dos meus pais. Desfrutei cada segundo do meu primeiro banho quente em dois anos. Então, chegou a hora de partir para a primeira noite no meu novo lar. Pouco antes de sair do hotel, começou uma tempestade e ficamos sem luz. Quando cheguei ao sopé da montanha na floresta, o breu já era quase total. Chovia muito. Por algum motivo, minha lanterna parou de funcionar. Tudo que eu ouvia à minha volta era o vento açoitando as árvores e derrubando grandes galhos. Me dei conta de que o chão devia estar cheio de cobras, tão aterrorizadas quanto eu. Então, pigarreei e segui pela trilha que eu mal conseguia enxergar, dando um passo de cada vez, entoando versos de proteção contra cobras, ensinados pelo próprio Buda.

A caminhada, que mais cedo tinha demorado vinte minutos, levou quase uma hora. Enfim cheguei à cabana, molhado e cheio de arranhões, animado e calmo ao mesmo tempo. Acendi a vela ao lado da estátua de Buda e fiz uma reverência.

Após seis meses naquela cabana em meio ao parque nacional, um homem de uma aldeia próxima morreu. Nós tínhamos nos aproximado e gostávamos um do outro. Eu ia uma ou duas vezes por mês até a aldeia. Nesses dias, eu fazia minha refeição diária lá e tentava compartilhar minha compreensão sobre o budismo no meu tailandês precário. Em seu testamento, o homem dedicou uma considerável quantia de dinheiro para melhorar meu eremitério. Um dos seus últimos pedidos foi dar para os monges e monjas visitantes uma cabana melhor para morarem. Seu presente me deixou muito feliz. Espero que o tenha feito ainda mais feliz.

Permitiram que eu mesmo projetasse a nova cabana. Os maiores luxos foram o mosquiteiro nas janelas, o pé-direito mais alto e uma trilha coberta na parte externa, com cerca de dez passos para a prática da meditação caminhando.

Na Tradição das Florestas, os monges raspam a cabeça duas vezes por mês: na lua nova e na lua cheia. Em geral, um monge raspa o cabelo do outro, mas, como eremita, obviamente tive que fazer aquilo sozinho. Por uma coincidência feliz, meus pais tinham acabado de me dar um estojo de higiene pessoal. Eu o pendurava em um galho na beira do riacho, prendia um espelhinho no estojo com Velcro, agachava, raspava a cabeça e depois me barbeava.

Certa ocasião, passei mais tempo do que o normal contemplando meu reflexo. Como de costume, já fazia duas semanas desde a última vez que eu o tinha visto, e fiquei analisando criticamente minha aparência. Nunca gostei dos poros abertos do meu rosto e nariz. Minha pele era cheia de marcas por conta das espinhas que atormentaram minha juventude. Eu gostaria de ter uma pele mais macia e uniforme como a dos tailandeses. E o que dizer do meu nariz, com aquela ponta tão curvada?

Como podem ver, tive muito tempo livre. Tempo para meus próprios pensamentos. E, enquanto estava sentado ali, fazendo uma análise crítica do meu rosto, alguma coisa dentro de mim sussurrou: *Que estranho... Eu me sinto muito mais bonito do que sou.* Certo. Beleza interior. Àquela altura, eu já levava uma vida ética e irrepreensível havia sete anos. Não tinha machucado deliberadamente nem uma formiga. Também não tinha feito nem dito nada que pesasse na minha consciência. Por meio da meditação, eu havia me tornado uma pessoa mais atenta. E eu me esforçava para que as belas características inerentes à humanidade aflorassem em mim: generosidade, empatia, paciência, compaixão. Eu tinha ficado mais bonito por dentro.

Aos pés da montanha na qual minha cabana de eremita tinha sido construída, havia uma pequena aldeia, com apenas uma rua. Os aldeões me davam comida todos os dias durante minha ronda de mendicância e, é claro, se tornaram meus amigos. Depois de um tempo, desenvolvemos uma dinâmica curiosa: eles tentavam descobrir o que eu gostava de comer, enquanto eu tentava ser um bom monge da Tradição das Florestas ao não expressar nenhuma preferência. *"Alai godai*, tudo é bem-vindo!" era tudo o que eu lhes dizia, naquele tom exclusivamente tailandês de que eu tanto gostava.

Depois de cada refeição, eu lavava minha tigela na lagoa perto da cabana e lançava as sobras aos peixes. Eu também nadava. Em seguida, deixava a cachoeira massagear minhas costas enquanto os peixinhos comiam a pele morta dos meus pés e das minhas pernas.

Aquele foi provavelmente o ano mais feliz da minha vida. Ainda não entendo completamente o porquê. Talvez seja verdade o que meu professor Ajahn Jayasaro escreveu no cartão-postal que me enviou naquele ano: *A mim me parece que as formas mais refinadas de felicidade são aquelas caracterizadas pela ausência de coisas, e não pela presença delas.*

Os dias se transformaram em semanas; as semanas, em meses; os meses, em um ano completo. Lentamente, tomei uma decisão. Tinha chegado a hora de voltar para a Europa pela primeira vez em sete anos. Eu tinha ouvido falar de um mosteiro no sul da Inglaterra que seguia a Tradição das Florestas. Havia um professor muito sábio lá, *e monjas!* Além disso, sempre fui um pouco anglófilo, então a Inglaterra parecia uma escolha natural. E a proximidade com a minha família obviamente não seria nada ruim.

Quando meu ano como eremita chegou ao fim, decidi fazer uma última peregrinação antes de voltar para a Europa. Pareceu-me um jeito agradável e simbólico de encerrar minha estadia na Tailândia. Então, caminhei quase quinhentos quilômetros de volta ao meu mosteiro original, como um gesto de gratidão por tudo que tinha acontecido e como um presente para o meu professor.

A caminhada foi desafiadora. Quinhentos quilômetros carregando todos os meus pertences nas costas, usando chinelos de plástico. Sem nenhum tostão. Eu simplesmente precisava acreditar que encontraria pessoas bondosas pelo caminho.

Ao contrário do que você deve estar achando, não caminhei por meio de florestas verdejantes e lindas selvas. A maior parte da mata não existia mais, mesmo na Tailândia. E muitas das áreas verdes que restam são monoculturas, o que acaba dificultando o caminho. O trajeto foi feito majoritariamente por estradas. Na maioria dos dias, uns dez carros paravam e acabávamos tendo uma conversa bem parecida com esta:

— Uau, que legal, uma pessoa que vive como nos velhos tempos. Podemos ajudá-lo ou oferecer uma carona para algum lugar?

— Não. Eu agradeço, mas me prometi fazer todo o percurso a pé.

— Podemos oferecer algum dinheiro?

— Não. Eu sou um monge da Tradição das Florestas. Não usamos dinheiro.

— Tudo bem, mas com certeza tem alguma coisa que possamos fazer. Podemos lhe oferecer um pouco de comida, pelo menos?

— Não, sinto muito. Tenho certeza de que vocês sabem disso, mas só fazemos uma refeição por dia na Tradição das Florestas, e eu já comi hoje.

— Mas, por favor, peça alguma coisa. Não tem realmente nada que a gente possa fazer por você?

— Hum... talvez uma Pepsi?

Então eu continuava caminhando, quilômetro a quilômetro, com umas dez latinhas de Pepsi correndo nas veias e imaginando se era a isso que Buda se referia quando falava sobre o modo sagrado de vida. Certo dia, depois de algum tempo desde o início da minha jornada, começou a chover bem forte. Busquei abrigo em uma pequena mercearia na beira da estrada. O chão era de terra batida, e encontrei alguns engradados de refrigerante nos quais me sentei. As pessoas lá dentro ficaram em polvorosa. Naquela região da Tailândia, era difícil ver um monge de origem ocidental. Começaram a fazer várias perguntas:

— Você é monge há quanto tempo?

— Sete anos.

— Hum... Por quanto tempo você estudou?

— Acho que dezesseis anos no total.

— Quantos irmãos você tem?

— Tenho três irmãos.

Depois de um tempo, percebi que as perguntas seguiam um padrão. Duas coisas chamaram minha atenção: uma era que estavam anotando as respostas, e a outra era que todas as respostas eram numéricas. Tinha alguma coisa estranha naquilo tudo. De repente, entendi: *Amanhã tem sorteio da loteria!* Existe uma crença muito difundida entre os tailandeses de que os monges e monjas da Tradição das Florestas têm uma conexão com o sobrenatural.

A chuva parou meia hora depois, e pude seguir meu caminho. Passado um tempo, topei com um idoso muito agradável, todo vestido de branco. Nunca consegui me acostumar com a veneração dos tailandeses ao se dirigir a nós, monges. Parecia ainda mais absurdo quando a veneração vinha de um idoso. Naquele dia, não foi diferente. O idoso se aproximou e disse:

— Ah, é uma grande honra conhecer um monge da Tradição das Florestas tão honrado e respeitável. O honorável monge teve algum sonho interessante nos últimos dias? Por acaso havia números em algum deles?

Que mistura agradável de reverência e interesse próprio!

Em um estágio posterior da jornada, conheci um motociclista jovem e bonito. Ele parou a moto e puxou papo.

— Uau! Um monge ocidental da Tradição das Florestas. Eu nunca tinha visto um antes! Posso dar uma carona para onde quiser!

— Muito obrigado, mas a questão é que isso é um tipo de treinamento espiritual para mim. Eu fiz uma promessa de não usar nenhum veículo, de seguir a pé por todo o caminho até chegar ao meu mosteiro.

— Claro, mas veja só... Eu fiz umas coisas bem idiotas e estou precisando de um pouco de carma bom. Será que não posso levá-lo ao menos até a próxima aldeia?

— Não, sinto muito. Eu não posso quebrar minha promessa.

Ao ouvir isso, ele olhou para mim e retrucou:

— Mas isso é um pouco egoísta, não?

Limitei-me a sorrir, mas ele estava determinado e continuou:

— Vamos lá. Só uns cem metros! Não vai ser nada de mais. Você não pode simplesmente pegar uma carona comigo por alguns metros?

— Não, sinto muito. Isso significaria quebrar a promessa que fiz para mim mesmo...

Ele ficou em silêncio por um tempo e depois perguntou:

— Será que você poderia pelo menos dar uma acelerada nela?

— Claro!

Eu me aproximei da moto, peguei o acelerador e fiz o motor girar uma ou duas vezes.

— Valeu! Tchau!

Isso foi uma amostra do budismo tailandês em versão popular.

DEZOITO

Punho cerrado, mão aberta

Depois de sete anos na Tailândia, eu já estava um pouco farto de viver rodeado de homens. Havia pouquíssimas monjas nos mosteiros de lá. Infelizmente, o que acontece na maioria das religiões do mundo também acontece no budismo: as mulheres simplesmente não têm as mesmas oportunidades que os homens. As coisas podem até ser um pouco melhores na tradição budista do que em algumas outras denominações religiosas, mas estão longe de ser boas. Meu lado cínico desconfia de que todas as grandes religiões do mundo existem para dominar as mulheres. Isso é muito trágico.

À medida que foi se difundindo para o restante do mundo, o budismo da Tradição das Florestas, ao qual pertenci, estabeleceu uma ordem de monjas. A sede ficava na Inglaterra, onde um novo mosteiro também tinha sido fundado. Não era perfeito, mas bom o suficiente. Eu já tinha conhecido algumas dessas monjas (e monges do mesmo mosteiro) quando visitaram a Tailândia e gostei muito de todas. O convívio entre monges e monjas me parecia recompensador e, de muitas formas, algo bem natural. Há uma certa sensação de equilíbrio quando homens e mulheres têm permissão de coexistirem em pé de igualdade. Então, parte do motivo de ter me mudado para a Inglaterra foi a afeição que eu nutria pelas monjas, o que provavelmente não foi muito monástico de minha parte.

Fiz amizades importantes com várias monjas na Inglaterra. Uma delas foi Ajahn Thaniya, uma neozelandesa baixinha e de caráter extremamente forte, que está entre as três pessoas mais perspicazes que já conheci. Ela nem precisava perguntar como eu estava, bastava ela olhar para mim.

Outra coisa que me atraiu especificamente para aquele mosteiro inglês foi o fato de o abade de lá ser um monge que eu admirava muito: Ajahn Sucitto. Ele havia escrito e ilustrado um livro que trazia uma análise brilhante do primeiro sermão de Buda. Nós nos conhecemos na Tailândia, pois ele costumava ir muito para lá no inverno. Ele continua sendo, até hoje, um amigo próximo e muito importante para mim.

Ajahn Sucitto tem aquela característica que todo bom professor, mentor ou até mesmo um amigo deve ter: uma capacidade infalível de identificar o momento mais adequado. Ele era sempre capaz de dizer a coisa certa para a pessoa certa, no momento certo, e sempre infundia uma grande dose de amor em suas lições. Aceitar a sabedoria de alguém assim é fácil, mesmo quando o que ele tem a dizer é difícil de ouvir.

Fiquei feliz ao descobrir que, na Inglaterra, nós tínhamos duas refeições: café da manhã *e* almoço. Fiquei muito grato por isso. Eu me lembro vividamente de um desjejum em particular. Aconteceu pouco depois de eu ter me mudado para lá. Estávamos em mais de cinquenta, entre monges, monjas e hóspedes. Tomamos café da manhã juntos e, depois de muita conversa, decidimos o que cada um ia fazer naquele dia. Todos se envolveram na discussão porque havia muita coisa a resolver: quem ia cozinhar, quem ia lavar a louça, quem ia cortar a grama, quem ia cuidar das flores, quem ia levar a monja doente ao hospital, quem ia levar o monge ao dentista, quem ia consertar o trator, pegar lenha, cortar a lenha e encher o aquecedor de água.

A natureza caótica de tudo aquilo me incomodou muito. Eu tinha a impressão de que o mosteiro inglês ainda estava um pouco desestruturado. Eu vinha de um mosteiro *original* na Tailândia. Sabia como as coisas eram feitas em um *verdadeiro* mosteiro da Tradição das Florestas! Na Inglaterra, as coisas eram um pouco soltas e desorganizadas, e, como um monge sério da Tradição das Florestas, era muito difícil aceitar aquilo. Então, fiquei para trás quando os outros se levantaram. Minha cabeça fervilhava de pensamentos irritadiços sobre como aquele comportamento era indigno de um mosteiro da Tradição das Florestas, sobre como as coisas não estavam sendo feitas da maneira adequada, como os procedimentos deveriam ser mais organizados e atentos. As pessoas saíram do salão até que, por fim, só sobramos Ajahn Sucitto e eu. Naquele momento, não havia ninguém mais empertigado do que eu por aquelas bandas da Inglaterra. Meu professor me olhou com bondade e disse:

— Natthiko, Natthiko. O caos pode incomodá-lo, mas a ordem pode matá-lo.

Certo, eu havia cerrado os punhos com muita força de novo. Estava pressupondo que o mundo deveria ser de determinada maneira. E quando ele não acompanhava minhas suposições, eu ficava paralisado. Os pensamentos com a palavra "deveria" me diminuíam, me entorpeciam e me deixavam solitário.

Se você consegue se identificar com essa sensação, tente praticar esse movimento: cerre os punhos com força e, depois, vá abrindo os dedos até estar com a mão totalmente aberta. Espero que você consiga carregar isso como um lembrete. Eu costumo usar esse gesto durante minhas palestras e meditações por representar grande parte do que tento passar. É simples, mas ilustra bem como podemos deixar para trás as coisas às quais nos agarramos com força de mais: objetos, sentimentos, convicções. Cerre o punho com força e depois relaxe até ficar com a mão totalmente aberta.

Espero que sua vida possa ter menos de punhos cerrados e um pouco mais mãos abertas. Que você tenha um pouco menos de *controle*. Um pouco mais de *confiança*. Um pouco menos de *necessidade de saber tudo de antemão*. Que você aceite *um pouco mais a vida como ela é*. Isso faz muito bem a todos nós. A vida não precisa acontecer em um estado constante de ansiedade em relação às coisas quando elas não saem como queremos. Não precisamos nos diminuir dessa forma. Temos uma escolha. Queremos dar uma chave de braço ou queremos abraçá-la?

Relaxe os punhos sempre que puder.

DEZENOVE

Vai arranjar um emprego, idiota!

Viver como um monge em um país que não está imerso na tradição budista com certeza é uma experiência muito diferente. Quando saíamos para as rondas de mendicância na Tailândia, éramos sempre recebidos de forma calorosa, quase com admiração, por todos os moradores locais. Éramos vistos com respeito perante a sociedade. No Reino Unido, porém, a história foi completamente diferente.

Fiz a primeira ronda de mendicância na Inglaterra acompanhado por Narado, um jovem monge inglês. Com as tigelas penduradas no pescoço, saímos pela rua principal em Midhurst, a cidadezinha mais próxima ao nosso mosteiro no condado de West Sussex. Eu estava nervoso. Não conseguia conceber a ideia de que alguém na Inglaterra nos daria comida. Uma van branca passou por nós. O motorista baixou o vidro e gritou:

— Vai arranjar um emprego, idiota!

Foi um claro lembrete de como os monges eram vistos de forma diferente ali. Por sete anos, os tailandeses tinham me tratado quase como um presente dos céus. Monge. *Monge da Tradição das Florestas*. Um monge *ocidental* da Tradição das Florestas! Aquilo era considerado o máximo na Tailândia. Na Inglaterra, porém, eu era visto como uma espécie de parasita. Uma pessoa que provocava desconfiança, que tinha um péssimo gosto para se vestir, um corte de cabelo estranho e uma orientação sexual confusa.

Eu obviamente nunca tinha levado as demonstrações de devoção dos tailandeses para o lado pessoal. E isso foi uma sorte. Porque, durante o tempo que passei como monge no Ocidente, vez ou outra cuspiam insultos na minha cara, e eles não me afetavam em nada. Eu me sentia como um personagem de desenho animado que vê a bala atravessar seu corpo e sair do outro lado. Esse foi outro presente de Buda: eu estava aprendendo a lidar tanto com os elogios quanto com as críticas, de forma muito sábia.

Na verdade, o incidente com o motorista da van branca me trouxe uma maravilhosa sensação de liberdade. Quando ele gritou aquele insulto, percebi o grau de atenção plena que eu tinha alcançado. Eu, que sempre fui tão sensível em relação ao que os outros pensam a meu respeito, conseguia ouvir também o que se passava dentro de mim e perceber com toda a calma: *nada*. Foi um tremendo alívio! Aquele momento realmente me mostrou que minha vida não girava mais em torno de ter status ou parecer bom aos olhos dos outros. Eu finalmente tinha me libertado disso.

Aprender estratégias para lidar com as coisas não é o que caracteriza o genuíno crescimento humano, espiritual e transcendente. Antes, ele tem a ver com deixar sua bagagem para trás, com aprender a se libertar de suas inseguranças. Mas, quanto às inseguranças, elas sempre estarão lá. Só os mortos não as têm.

Se começar a notar que suas inseguranças estão sumindo devagar durante seu desenvolvimento pessoal, pode ter certeza de que você está no caminho certo. Talvez até seja capaz de criar uma distância saudável entre a sua personalidade, a ideia que você faz de si mesmo e as opiniões que você tem sobre seus defeitos.

O eu que existe além das nossas imperfeições começa a dar as caras nesse ponto. Minha experiência foi maravilhosa quando isso aconteceu comigo. Apesar da minha personalidade incoerente, altamente reativa, impulsiva e desequilibrada, agora consigo perceber que, à medida que ouço melhor a minha voz interior e me esforço para atingir a minha própria tranquilidade, alguma coisa começa a brilhar. Uma coisa que parece estar sempre comigo. Uma coisa que deseja o meu bem.

VINTE

Não se esqueça de abrir espaço para milagres

Na Tradição das Florestas, depois de dez anos como monge ou monja, recebe-se o título de Ajahn, uma palavra tailandesa que significa "professor". A partir desse momento, a pessoa é encorajada a ensinar. Eu me lembro da primeira vez que pediram que eu orientasse um retiro de fim de semana na Inglaterra. Na noite anterior, parecia que eu tinha dois gatos brigando na barriga. A ansiedade foi quase insuportável. Pouco antes da hora marcada para o início do retiro, me encaminhei para o salão de meditação, acendi velas e incenso, fiz reverências para a estátua de Buda e falei baixinho:

— Tudo bem, Buda. Estou uma pilha de nervos agora. Mas vou estar presente por inteiro durante todo este fim de semana. Eu sei que as palavras não virão *de* mim, mas *através* de mim. Combinado?

Encarei o silêncio da estátua de Buda como um sinal de concordância. O retiro aconteceu sem problemas.

Aquele foi um período em que me senti sobrecarregado e cada vez mais tenso. Pratiquei com muita frequência, intensidade e sinceridade o ato de abrir o punho cerrado. Como eu tinha cada vez mais obrigações administrativas, uma certa quantidade de estresse também entrou na minha vida. Quem poderia imaginar que existem monges estressados! E, como bem sabemos, o estresse tende a dificultar ainda mais o ato de abrir mão do controle. Não importa quem você seja.

Ajahn Thaniya percebeu, é claro. Em uma noite de junho, estávamos a caminho do salão para meditar em grupo. O ar primaveril estava límpido, e libélulas brilhantes pairavam sobre a superfície do lago de ninfeias no jardim do mosteiro. Ajahn Thaniya olhou para mim daquele jeito especial dela. Eu amava quando ela fazia aquilo, pois era quase certo que diria algo conciso e cifrado, algo valioso. Então, eu já estava preparado quando ela me lançou um olhar caloroso e disse:

— Natthiko, não se esqueça de abrir espaço para milagres.

Aquilo me tocou profundamente, porque eu sabia como as palavras eram verdadeiras. Era o que eu precisava naquele momento. Certo. Estou andando por aí, tentando controlar tudo. Isso torna a vida solitária, difícil, pesada e angustiante. Confie um pouco mais na vida! A maioria das coisas boas que aconteceram comigo estava fora do meu controle, disso eu sei bem. Tentar direcionar e prever tudo causa apenas dificuldade. Não é divertido. Perco parte da minha inteligência quando fico tenso assim.

Sou discípulo de um professor americano chamado Adyashanti há muito tempo. Fui ao primeiro retiro com ele nove meses depois de deixar a vida monástica. Foi uma experiência profunda para mim. Eu fiquei diante da grandeza, pelo menos foi como me senti, e me agarrei a cada uma das palavras dele durante os sete dias de retiro. Certa noite, ele disse algo que carrego comigo desde então.

O momento ainda está nítido na minha mente.

Adyashanti disse:

— Se você não acreditar cegamente em cada pensamento seu, se viver com atenção plena (e só assim), se sua consciência estiver livre dos grilhões, você vai descobrir a verdade fundamental. Que o universo opera de acordo com o seguinte princípio:

Você vai saber
o que precisa saber
quando precisar saber.

Uau! Obviamente não posso provar, com total certeza, que isso é verdade. E entendo que essas palavras podem soar meio maluco beleza, mas eu não mudaria nada na declaração de Adyashanti. Sinto que é verdadeira em todos os sentidos, e já faz um bom tempo que a incorporei à minha vida.

Percebi que minha vida é sempre melhor, às vezes muito melhor, quando consigo seguir esse princípio. Isso não implica, é claro, levar uma vida irresponsável. Não é para deixar de se planejar nos casos em que isso é possível e adequado. Mas significa que podemos alcançar um plano mais elevado de liberdade e sabedoria se nos acostumarmos a viver com mais confiança. Uma coisa quase mágica acontece quando somos capazes e corajosos o bastante para nos libertar das nossas tentativas vãs de controlar e antecipar o futuro.

Pode-se até dizer, simplificando um pouco as coisas, que existem dois tipos de pensamento que dominam quase todos os seres humanos: pensamentos que giram em torno da nossa história e pensamentos que giram em torno do nosso futuro. Esses pensamentos são hipnotizantes e têm a mesma essência: "minha vida".

É como se você tivesse que arrastar duas malas grandes, pesadas e importantes ao longo da vida: uma contendo todos os seus pensamentos sobre a sua própria história, a outra contendo todos os seus pensamentos sobre o seu futuro. São malas maravilhosas e valiosas. Mas tente soltá-las, só por um tempinho. Veja se consegue acolher uma parte da vida mais imediata, o aqui e o agora. E, se conseguir fazer isso, aí pode pegar as malas de novo. Mas só se você quiser.

Não há nada de errado em pensar na própria vida, mas faz bem dar um tempo. Deixá-la descansar. Deixá-la ali. Isso geralmente facilita para quando você for pegar as malas de novo. Tudo está interligado: deixar seus pensamentos e o controle de lado, voltar-se para dentro de si, ouvir-se, estar presente, descansar regularmente na paz que é viver na confiança. Tudo isso tem a ver com explorar a possibilidade de encontrar algo *mais real* do que nossos pensamentos, mais valioso do que nossos pensamentos. Até certo nível, retornamos ao ponto em que eles surgem. E o mais estranho é que, quando fazemos isso, nossos pensamentos se tornam mais preciosos. Fica mais fácil acessar o nosso lado intuitivo e sábio. Pode parecer difícil, mas a *qualidade* dos nossos pensamentos melhora.

Vou examinar um pouco mais o termo *futuro* e a razão de termos pensamentos sobre o que ainda não aconteceu. É muito bom ter cautela com nossas suposições sobre o amanhã. O que sua mente lhe diz sobre o futuro não é o futuro de fato. É um rascunho, uma imagem fragmentada com base nas nossas lembranças e experiências. E você só se lembra de uma fração do que realmente aconteceu na sua vida. Além disso, as lembranças são fortemente moldadas e definidas pelas emoções.

Somos programados para nos lembrar de acontecimentos que foram realçados pelas emoções, sobretudo os difíceis ou dolorosos. É natural, porque isso ajudou nossos ancestrais a sobreviver e procriar na savana. Mas o que chamamos de passado não é o que aconteceu *de verdade*. São fragmentos, muitas vezes escolhidos a dedo a partir de situações repletas de emoção. E *elas* então servem como base para projetarmos o nosso futuro, aquilo que usamos para conceber como nossa vida será. Mas isso *não* é o futuro. Não passa de uma suposição da nossa parte. Uma especulação sobre como as coisas podem ser, hipoteticamente. Ninguém sabe com certeza. Ninguém.

VINTE E UM

A única certeza que existe

Certo verão, depois de alguns anos no mosteiro inglês, meu amigo monge Narado e eu decidimos caminhar pela ilha de Wight. Depois de um dia de viagem, já tínhamos percorrido mais de trinta quilômetros ao longo da espetacular costa norte da ilha e montado acampamento sob um majestoso carvalho para passar a noite. No fim da manhã, chegou a hora da nossa primeira ronda de mendicância na ilha. Deixamos as mochilas apoiadas no muro do cemitério na cidade costeira de Sandown, penduramos a tigela de mendicância no pescoço e seguimos para a rua principal, pertinho do supermercado local.

Ficamos lá por uma hora. Devem ter passado umas mil pessoas. Ninguém dirigiu a palavra a nós. Uma garotinha perguntou à mãe se tinha alguma cobra na nossa tigela. Resolvemos mudar de lugar e fomos para perto de uma salão de cabeleireiro, mas o resultado foi o mesmo. As pessoas mal olhavam na nossa direção. Era como se fôssemos invisíveis, apesar da túnica ocre dos monges. Depois de um tempo, uma viatura estacionou e um policial desceu do carro.

— Rapazes, é proibido pedir esmolas na ilha de Wight. Além disso, o salão de cabeleireiro ligou para dar queixa. Vocês estão espantando os clientes com esse corte de cabelo aí.

Expliquei que não estávamos pedindo esmolas. Não estávamos pedindo nada a ninguém. Estávamos apenas abertos a receber o que quisessem nos dar. Era diferente.

— Tudo bem, mas vocês têm que sair daqui — respondeu o policial com firmeza.

Voltamos para perto do supermercado. Minhas pernas já estavam trêmulas de exaustão e fome depois da nossa caminhada e um dia inteiro de jejum. Como seguíamos a Tradição das Florestas, só podíamos comer antes do meio-dia, mas, por conta do horário de verão adotado no mundo ocidental, o limite era uma hora da tarde. Já era meio-dia e meia. Eu disse para meu companheiro monge que provavelmente teríamos de desistir até o dia seguinte.

— Dá para aguentar mais um dia de jejum. Tentaremos de novo amanhã.

Assim que as palavras saíram da minha boca, senti algo se libertar dentro de mim. O punho cerrado da fome cedeu, relaxando os dedos e abrindo a palma da mão em aceitação. Mas meu amigo ainda não estava pronto para desistir:

— Vamos ficar mais um pouco — pediu ele.

E eu aceitei.

Não se passou nem um minuto e uma senhora mais idosa, com rosto bondoso, se aproximou de nós.

— O que vocês estão aprontando? — perguntou ela.

Expliquei que éramos monges budistas e estávamos abertos a receber doações.

— Ah, então vocês querem comida, é isso? A ilha de Wight é uma ilha cristã. Ninguém passa fome aqui. O que gostariam de comer?

Expliquei que aceitaríamos de bom grado qualquer coisa que já estivesse pronta para comer e que fazia parte do nosso treinamento abrirmos mão das nossas preferências.

— Ah, de jeito nenhum. Se for para gastar meu rico dinheirinho com vocês, eu quero comprar uma coisa de que gostem.

Meu amigo monge gostava muito de uma torta típica do norte da Inglaterra, então mencionei isso. A mulher assentiu e entrou no mercado.

Pouco depois, um casal bonito se aproximou da gente. Eram canadenses. O homem comentou que o carregador do hotel no qual estavam hospedados morava perto do nosso mosteiro na baixa temporada e explicara para eles quem éramos e o que fazíamos. Eles pediram que esperássemos um minuto e entraram no supermercado também. Cinco minutos depois, estávamos ali com quatro sacolas cheias de comida. Agradecemos, entoamos um pequeno cântico e voltamos rapidamente para o cemitério. Lá, nos acomodamos na grama e comemos em silêncio. Quando terminamos, ficamos exatamente onde estávamos, aproveitando a quietude por um momento. Eu me lembrei de uma frase dos meus professores da Tailândia: "Você nem sempre terá o que quer, mas sempre terá aquilo de que precisa." Eles estavam certos. E, por mais estranho que pareça, sempre que relaxo em relação aos meus desejos, eles parecem se realizar com mais facilidade. Que eu nunca me esqueça dessa lição.

Entre as monjas no mosteiro inglês, havia uma que se chamava Ajahn Anandabodhi. Era uma pessoa alegre, criada no norte da Inglaterra. Quando chegou ao mosteiro, usava um penteado moicano tingido com todas as cores do arco-íris. Ajahn Anandabodhi e eu ingressamos no mosteiro mais ou menos na mesma época e, depois de um tempo, ficamos encarregados de lidar com as inúmeras questões práticas que precisavam ser resolvidas na nossa comunidade.

Como já mencionei, isso me deixou muito ocupado por um tempo e comecei a ficar visivelmente estressado. Eu gerenciava o trabalho braçal no mosteiro, recebia os hóspedes, respondia a e-mails e atendia ao telefone, além de lidar com uma carga enorme de trabalho administrativo. Em suma, eu era uma espécie de CEO do mosteiro. Eu tinha voltado ao meu papel de economista, o que não condizia em nada com o que eu procurava na vida monástica. Ajahn Anandabodhi percebeu que eu estava cansado e sobrecarregado. Uma noite, na hora do chá, nos encontramos no corredor entre a cozinha e o salão de chá. Ela parou e me lembrou:

— Natthiko. Não se esqueça: responsabilidade, a capacidade de responder.

O que nos ajuda a responder à vida à medida que ela se revela? Bem, é como eu disse antes: em geral, não é tanto sobre planejamento, controle e organização; tem muito mais a ver com *presença*. Todo mundo sabe como é seguir o *fluxo*. Você fica atento e concentrado. Consciente, se preferir. Não perde tempo sentindo ansiedade em relação a tudo que pode dar errado, não tenta imaginar o que faria em todos os desfechos possíveis e impossíveis. Não vive preocupado, imaginando se as coisas vão sair do jeito que você deseja. Em vez disso, você é atento o suficiente para responder de forma aberta. O que também é o padrão de um plano de ação mais inteligente.

Estar presente e se libertar da necessidade de controle têm muito a ver com reunir a coragem de enfrentar a incerteza. A maioria de nós acha isso desafiador. Os seres humanos têm a necessidade de saber. É natural, e todos a sentimos. O desconhecido traz à tona nossas inseguranças, e é comum sentirmos medo e nos tornarmos inflexíveis nessa situação. Então, fingimos que as coisas são mais previsíveis do que realmente são, mesmo que na verdade a gente viva o tempo todo mergulhado em incerteza. Nós nos agarramos desesperadamente aos nossos planos e a como achamos que as coisas deveriam ser e acontecer. E não há nada de errado em ter planos. É algo maravilhoso, e todos precisamos organizar o futuro até certo ponto. Acho que é uma coisa bonita. Mas existe uma diferença entre planejar e acreditar que todos os seu planos precisam dar frutos.

O presidente norte-americano Eisenhower certa vez disse: "Planos são inúteis, mas o planejamento é imprescindível." Imagine se todos usássemos lápis em vez de caneta nas agendas e nos planners. Tanto no sentido literal quanto no figurado. Imagine se nossa inclinação natural fosse a de considerar que nossas anotações na agenda — o que achamos que vai acontecer — talvez não aconteçam. E se conseguíssemos nos esforçar ao máximo para aceitar isso.

Grande parte do crescimento espiritual consiste em encontrar a coragem de enfrentar a incerteza. Quando aprendemos a tolerar o fato de que não sabemos e não estamos no controle, conseguimos acessar uma parte mais sábia de nós mesmos. Tentar se agarrar à vida é como tentar segurar água. A natureza dela é estar em um fluxo constante.

A vida monástica foi arquitetada para frustrar os mecanismos de controle. Esse é um dos motivos para monges e monjas não lidarem com dinheiro, não terem permissão para escolher quando ou o que comer, com quem morar ou onde dormir. Abrir mão do controle é uma parte deliberada do processo de aprendizagem. E o resultado é maravilhoso. É uma dádiva se sentir confiante quando a vida se torna incerta, se sentir confortável com não saber o que vai acontecer.

Isso tem a ver com se dedicar menos à preparação. Com criar menos raízes nas nossas suposições — sobre o futuro, por exemplo, como acabei de mencionar — e com estar mais aberto para o aqui e agora, o único lugar em que a vida realmente acontece.

Para ser totalmente sincero, sabemos muito bem que a vida é repleta de incertezas. Na verdade, a *única* certeza é a de que a vida vai acabar um dia. O resto são esperanças, medos, suposições, desejos, ideias e intenções. O melhor a fazer é admitir e aceitar isso. Relaxe o punho cerrado e deixe que a mão se abra e se encha de vida.

VINTE E DOIS

Meus quadris não mentem

Depois de sete anos na Inglaterra, fui para outro mosteiro da Tradição das Florestas, dessa vez em Kandersteg, uma aldeia nos Alpes Suíços. Além da proximidade com as montanhas, de que sempre gostei tanto, essa mudança me proporcionou a vantagem de não ser mais o "CEO do mosteiro". Os suíços eram perfeitamente capazes de administrar as coisas. Na verdade, ninguém os supera nesse quesito. Pude me dedicar a cuidar dos nossos hóspedes e a ficar à disposição de quem precisasse de apoio, além de fazer trilhas e escalar montanhas. Também tive mais tempo para ensinar meditação, e pouco a pouco encontrei minha própria voz na área.

Nosso abade, Ajahn Khemasiri, amava futebol e era o meu amigo mais próximo no mosteiro, além de uma figura paterna para mim. Tinha fugido da Alemanha Oriental aos 12 anos de idade, na calada da noite, junto com a família. Ainda jovem, começou a administrar uma padaria, mas, quando nos conhecemos, já era um monge devoto havia muitos anos. Meu grande amigo Carl-Henrik acertou em cheio quando, durante uma visita ao mosteiro, descreveu Ajahn Khemasiri como um capitão de submarino: o arquetípico protagonista masculino do filme clássico alemão *O barco: inferno no mar*.

Àquela altura, eu já era responsável por retiros de meditação em uns seis países, e Ajahn Khemasiri provavelmente se perguntava se eram genuinamente budistas. Os participantes lhe contaram que eu vivia citando *O show de Truman*, *Matrix*, *Ursinho Pooh* e *A família Mumin*. Por sorte ele sabia tão bem quanto eu que Buda não ligava para dogmas e fundamentalismo. Nós dois enxergávamos o budismo como a caixa de ferramentas mais maravilhosa do mundo.

A vida monástica na Suíça era menos rígida do que nos outros mosteiros em que eu já tinha morado, ainda mais em comparação com os tailandeses. A liberdade era maior. O mosteiro era tão moderno que dava até para acessar a internet. Quando aprendi a usar o Google, simplesmente *precisei* pesquisar meu próprio nome. Em 2006, um dos primeiros links com o meu nome levou ao PDF de uma conferência na Malásia da qual participei no início da década de 1990, quando trabalhava para o Programa Mundial de Alimentos da ONU. A forma como se referiram a mim é minha única motivação para um dia montar um novo currículo. Fui apresentado no documento como "perito internacional em análise financeira do cultivo de algas marinhas em pequena escala". Essa ninguém supera!

Meus pais me deram um computador de presente. Também ganhei um MP3 player de outra pessoa, assim poderia escutar palestras gravadas. Quando Carl-Henrik, meu melhor amigo de infância, descobriu isso, ficou empolgado e tratou de me enviar um CD repleto de músicas com o seguinte título: "Os cem maiores hits desde que você virou monge". Um presente inesquecível.

Para minha grande alegria, na Suíça, tínhamos um dia dedicado a caminhadas. Graças ao meu amor incondicional pelas montanhas, eu caminhava duas vezes mais e escalava duas vezes mais alto do que qualquer um no mosteiro.

Um dia, saí para mais uma daquelas caminhadas. Calcei as botas e fui subindo devagar até chegar a um ponto de onde conseguia ver a capital, Berna. Era primavera, e estava começando a esquentar, embora ainda houvesse muita neve nas montanhas. Com aquela vista magnífica se abrindo diante de mim, eu me acomodei para comer a refeição que eu tinha levado. Estava divina.

Fazia calor, então tirei uma camada de roupa, depois outra. Sempre gostei de tomar sol. Por fim, eu estava usando apenas meu saiote e as botas. Em seguida, coloquei os fones de ouvido do MP3 player e selecionei as músicas que meu amigo tinha gravado para mim. Não demorou muito para a música da Shakira, "Hips Don't Lie", começar a tocar, e não consegui ficar parado. Os quadris mais duros de toda aquela região começaram lentamente a balançar.

VINTE E TRÊS

Mas eu sou o monge
que nunca duvidou

Eu estava sentado no meu quartinho no lindo mosteiro de Kandersteg, tomando chá e lendo algum texto motivacional. Acendi um incenso e uma vela, e me preparei para meditar. Depois de vinte anos de meditação diária, eu tinha chegado ao ponto em que já não cochilava mais; na verdade, tinha até começado a gostar de meditar, praticamente sem reservas.

Então, fiquei sentado ali, em frente à estátua de madeira de Buda, descansando com consciência. Uma respiração de cada vez. Tudo se aquietando lentamente. Não a quietude como na ausência de atividade, mas a quietude na presença. Uma quietude com a qual já me acostumei e da qual gosto muito. Ela se tornou o meu lar, um lugar onde posso descansar. Meu corpo se tornou acessível, e eu me sentia cheio de vida e contentamento. Era uma sensação maravilhosa, e eu só queria que tudo continuasse como estava. Que as coisas continuassem daquele jeito por talvez dez ou doze minutos. Então, a voz profunda, sábia e perspicaz da intuição falou comigo outra vez. Algo dentro de mim sussurrou: *Está na hora de seguir em frente.*

Ah, não! Mas que coisa inconveniente! Minha vida estava tão boa daquele jeito!

Fiquei muito surpreso. E assustado. *Mas eu sou o monge que deveria morrer sem abdicar da túnica. Sou o monge que nunca du-*

vidou. E, de repente, aos 46 anos, descobri que algo dentro de mim dizia que estava na hora de voltar para casa. A voz foi tão clara quanto aquela que ouvi naquele domingo de maio, vinte anos antes, quando estava no meu sofá na Espanha. Eu obviamente sabia que não podia ignorá-la. Mas eu tinha muita coisa a perder. Toda a minha vida e identidade estavam entrelaçadas com a minha existência monástica.

Então, tirei um tempo, mais ou menos uns seis meses. Quando liguei para contar minha decisão, minha mãe disse, prestativa:

— Claro, acho que você é um pouco jovem demais para se aposentar.

Ela tinha me visitado no mosteiro suíço e deve ter achado que parecia um lar para idosos. Havia algumas semelhanças mesmo. Minha vida como monge tinha se tornado segura e previsível demais. Eu estava naquele caminho havia tanto tempo e conhecia tão bem meu papel que entrei de fato no piloto automático.

Uma coisa que não levei em conta na decisão de abdicar ao monastério, mas que, ainda assim, teve um grande impacto na minha vida naquela época, foi ter desenvolvido uma doença autoimune rara chamada púrpura trombocitopênica idiopática (PTI). Quando estava encarregado de dois retiros na África do Sul, eu tinha viajado pelas montanhas na província de KwaZulu e levado uma picada na perna. A dor só começou muito mais tarde, e logo meu sangue perdeu a capacidade de coagular de maneira adequada.

Quando busquei atendimento médico na Inglaterra duas semanas depois, o médico avisou:

— Você virou uma bomba-relógio.

A PTI é considerada uma doença séria porque as plaquetas sanguíneas são destruídas prematuramente, o que pode causar hemorragias graves e, às vezes, fatais. Voltei para a Suíça e passei por vários tratamentos intensivos, mas nada adiantou. Os médicos disseram que queriam tirar meu baço, mas recusei. Em vez disso, foram prescritas altas doses de cortisona por determinado período, o que prejudicava muito meu sono. Meu corpo nunca mais recuperou a capacidade de entrar em sono profundo.

Mesmo já tendo tomado a decisão de ir embora, o processo foi difícil. Conversei com vários ex-monges e ex-monjas, chegando ao ponto de conhecer mais gente que tinha abandonado a vida monástica do que aqueles que ainda estavam nela. Não é comum passar a vida toda no mosteiro; o normal é permanecer apenas pelo tempo que você julgar adequado. A maioria das pessoas com quem morei nos meus muitos anos como monge tinha desistido da vida monástica — *abandonado a túnica* — antes de mim. E todos eles me disseram a mesma coisa:

— Você não faz ideia de como é confuso e sofrido sair dessa vida depois de tanto tempo. A maior parte da sua identidade se baseia nisso. Quem você vai ser lá fora? É muito mais difícil do que você imagina.

Não duvidei disso. Mas mantive minha decisão assim mesmo. Eu sabia que era um ato de coragem. A experiência em enfrentamento de incertezas havia rendido bons frutos. Estava na hora de colher os frutos do meu aprendizado e alçar voo para uma realidade mais difícil.

Em algum momento da vida, ouvi uma expressão que sempre me foi muito cara e que costumo usar quando conduzo sessões de meditação:

Nós aprendemos na quietude para lembrarmos na hora da tempestade.

Esse é um dos motivos pelos quais as pessoas participam de retiros ou dedicam tempo para meditação. Para praticar. A vida não se desenrola em um salão de meditação. Mas, quando somos noviços, quando ainda não dominamos a prática, as circunstâncias favoráveis são bem-vindas. É bom ter um lugar onde possamos praticar em paz e silêncio para que consigamos sentir mais segurança ao lidar com o clima menos previsível do dia a dia. Porque, é claro, todas as coisas que aprendemos também devem funcionar na vida comum. Se não funcionarem, de que adiantam?

É inevitável que a vida lance algumas tempestades na minha direção. Uma seguida da outra. Às vezes, serei um navio solitário à deriva em mares turbulentos, sem nenhum farol para me guiar. Às vezes, a turbulência será mais fraca, mas ainda assim desagradável, como os gritos do chefe sobre algo que eu deveria ter feito na semana anterior ou uma discussão com alguém de quem gosto. Em momentos assim, minha atenção provavelmente será atraída para qualquer que seja o grito mais alto em meu âmago. Mas se durante os períodos mais calmos eu aproveitar a oportunidade para me libertar dos meus pensamentos, praticar a capacidade de escolher para onde direcionar minha atenção, então terei um aliado infalível. Um parceiro que estará sempre comigo, que permanecerá ao meu lado em qualquer situação.

VINTE E QUATRO

Carta de despedida

Em outubro de 2008, mandei uma carta para meus amigos monges e monjas de diversos mosteiros, contando a minha decisão. Foi mais ou menos assim:

Queridos,

Já faz muito tempo desde que escrevi uma carta para todos vocês. Muitos já sabem que sigo com um problema de saúde. Passei por diversos tratamentos desde o último verão, tanto tradicionais quanto alternativos. Já tentei de tudo. Ao que parece, a incapacidade de coagulação do meu sangue é difícil de curar e é provável que eu tenha que aprender a conviver com ela. Tenho conseguido tolerar os sintomas, sendo que a insônia é o mais inconveniente deles. Os níveis de energia estão baixos, é claro, tanto no corpo quanto na mente, mas com isso estou aprendendo a viver com menos vitalidade. Definitivamente passei a sentir muito mais empatia por pessoas com energia baixa!

O principal motivo de ter ficado tanto tempo sem escrever é que, em outubro do ano passado, alguma coisa dentro de mim me impeliu a questionar se quero continuar sendo um monge budista. Fui pego de surpresa, já que eu nunca havia tido nenhuma dúvida em relação a isso. O intelecto ficou bastante confuso, assinalando a inconveniência e a incerteza de tentar uma vida nova aos 46 anos, principalmente com o problema de saúde que venho enfrentando. Tentei ignorar o impulso, mas ele não parava de aparecer. Em abril, o impulso se tornou uma convicção bem clara de que eu deveria abandonar a túnica. Mesmo assim, continuei relutante. A convicção ressurgiu no início de maio e tornou a aparecer no fim de junho. Sei que tudo isso soa um pouco misterioso, quase como se o impulso tivesse se originado de algum outro lugar fora de "mim". Mas foi como vivenciei isso.

Por isso, sou cético quanto a apresentar meus motivos, já que essa intuição precede todos eles. A analogia que exprime como me sinto é a de uma peça de roupa usada por muito tempo. Um dia, você percebe que não serve mais tão bem. Não há nada de errado com ela, mas chegou a hora de mudar.

Chegou a hora de levar uma vida diferente, como uma pessoa laica. Creio que me fará bem caminhar sozinho e tomar minhas próprias decisões, sendo essa a primeira delas.

Sinto que algumas das restrições da vida monástica já perderam a utilidade para mim e preciso de um pouco de liberdade para escolher minhas respostas à vida. Não tenho preocupações quanto à minha saúde espiritual, pois o entusiasmo pelo despertar continua vivo em mim.

Quanto à saúde física, espero que a vida laica facilite algumas coisas. Sei que existem avanços promissores na medicina convencional e, dada a oportunidade, talvez me submeta aos tratamentos, mas esse não foi o principal fator que motivou minha decisão.

Consultei meus mentores espirituais e conversei sobre essa decisão com minha família, meus irmãos em Dhammapala e com alguns outros monges e amigos. Como sempre, fui lembrado de quantos bons e sábios amigos tenho. A intuição me diz que isso não vai mudar, pois parece ser o meu maior talento! A decisão é única e exclusivamente minha, é claro, e obviamente não é a que a maioria dos meus mentores preferiria.

Em relação a trabalho, tudo é muito vago. Por conta da doença, não terei condições de trabalhar em tempo integral tão cedo, pois simplesmente não tenho energia para isso. De alguma forma, não me preocupo tanto com meu sustento. Tenho certeza de que tudo ficará mais claro conforme o tempo passar. Inicialmente, vou ter que aceitar qualquer coisa que aparecer, e tudo bem. Não ficarei surpreso se, com o tempo, surgirem oportunidades de compartilhar o que aprendi nos anos que passei na Sangha.

Em geral, existe um sentimento reconfortante, apesar de irracional, de que "tudo vai dar certo". Isso inclui até a premonição vaga, mas recorrente, de que talvez a expectativa de vida do corpo físico não seja "normal".

Acho difícil determinar o que devo incluir ou não em uma carta como esta. Creio que logo haverá tempo para conversar sobre isso com muitos de vocês na Suíça e na Inglaterra. Vou passar um mês viajando antes de voltar para casa. Imagino que o tema da viagem será honrar tudo que passou e tentar expressar, mesmo que desajeitadamente, toda a gratidão indescritível que sinto, e tentar sobreviver à tristeza da separação.

No caso de alguém estar se perguntando, não estou apaixonado e não tenho nenhuma mulher específica em mente. Sim, eu queria muito que a divisão entre homens e mulheres nas nossas comunidades não causasse tanto sofrimento e tanta confusão, mas sou bem menos afetado por isso aqui na Suíça. Eu poderia continuar. E, sim, houve uma época em que relacionamentos românticos me pareceriam muito atraentes, mas já faz tempo que parei de acreditar que outra pessoa consiga, ou deva, me deixar feliz e completo para sempre.

Meus pais e meus três irmãos parecem muito felizes de me terem um pouco mais perto e mais acessível, e meu irmão mais novo já está vasculhando o armário para selecionar algumas roupas para me dar. Ele trabalha com moda, então receio que eu vá parecer mais descolado do que me sinto. Por incrível que pareça, estou ansioso para voltar a ter a mesma aparência que todo mundo e não me destacar na sociedade.

Percebo que as palavras não estão se encaixando direito. Isso se deve parcialmente à falta de um descanso adequado e parcialmente ao medo de parecer petulante. A sobriedade e a seriedade não são meu modo natural. Acho importante tentar reconhecer tudo que recebi nos últimos dezessete anos, embora eu saiba que isso é impossível. A orientação, as amizades, o encorajamento, o apoio material, as viagens, a diversão, a oportunidade de aprender, de crescer e de me libertar em ambientes seguros e cheios de apoio, além de muitas outras coisas.

Existem momentos em que a gratidão me pega desprevenido, e é quase demais para suportar. Durante todo esse tempo de apoio e encorajamento, ficou muito mais fácil ser eu mesmo do que era há dezessete anos. Vejam só, eu prefiro não me levar tão a sério, e isso também está ficando muito mais fácil!

Então, uma fase está chegando ao fim e algo novo começa. As bênçãos dos anos que passei como monge me acompanharão até meu último suspiro e além, creio eu.

Com amor, tristeza e gratidão, tudo misturado,

Natthiko

*

Quando chegou a hora de ir embora do mosteiro, participei de uma cerimônia linda no salão de meditação ao lado das pessoas mais próximas a mim. No meio da cerimônia, fui para o meu quarto. Despi a túnica pela última vez e, pela primeira vez em dezessete anos, vesti uma calça jeans. Voltei para o salão de meditação e entreguei minhas túnicas para Ajahn Khemasiri. Ele riu e disse que eu era o ex-monge mais bem vestido que ele já tinha visto nos seus 22 anos de vida monástica. Usando aquelas roupas que me eram tão estranhas, deixei o porto e segui rumo ao mar aberto.

VINTE E CINCO

Escuridão

Voltei para a Suécia em novembro de 2008. Apesar de todo o amor e toda a consideração que recebi de minha família e amigos, logo me afundei na depressão. Eu tinha prestado muita atenção nos alertas de ex-monges e ex-monjas a respeito do sofrimento e da tristeza de não estar mais naquele tipo de comunidade. Ainda assim, estava completamente despreparado quando aconteceu. A força do golpe foi inacreditável! E é claro que a minha doença também não ajudou.

A mãe do meu querido amigo Pip me fez a gentileza de cobrar um valor simbólico pelo aluguel de sua casa de hóspedes. Então, lá estava eu, em uma casinha na região rural próxima a Knäred, no sul da Suécia. Na escuridão do inverno. Sozinho. Deprimido. Sem conseguir dormir. Doente. Sem emprego nem dinheiro. E não fiquei exatamente feliz quando o primeiro extrato do auxílio do governo chegou pelo correio. Nem quando viajei até a cidade mais próxima, Laholm, para pedir assistência financeira. Fui informado de que primeiro teria de me registrar como desempregado em busca de emprego. Na agência, preenchi todos os formulários e conversei com um assistente social, que deu uma olhada no meu currículo e comentou:

— Ora, parece excelente até 1989... Mas isso foi vinte anos atrás.

— Eu sei.

Meu pedido de assistência financeira foi negado. Felizmente, meus pais me proporcionariam não apenas apoio moral, mas também financeiro, pelo tempo que eu precisasse. Eu tinha passado dezessete anos sem lidar com dinheiro uma única vez e de repente me vi em uma sociedade na qual o dinheiro era uma parte incrivelmente central da vida. Eu me pegava pensando: *Mas como as pessoas conseguem? Como fazem para arranjar dinheiro para viver, comer, se vestir, pegar ônibus e até sair de férias de vez em quando?* Fiquei chocado de ver como as coisas eram caras.

Não demorou muito para eu receber o diagnóstico clínico de depressão. Acordava quase todas as noites com a cama encharcada de suor, porque a ansiedade apertava o meu peito e me dava um nó no estômago. Uma grave ansiedade. Essa palavra é bastante usada hoje em dia. Mas obviamente não estou me referindo a uma ansiedade normal do cotidiano. Eu me refiro a uma ansiedade completamente abjeta, na qual você se vê preso de forma tão irremediável no medo e na apreensão que é como se estivesse em transe. O tipo de ansiedade que parece sugar toda a alegria da sua vida. Uma cortina que cobre todos os seus pensamentos. Alguma coisa sussurrando ao fundo sem parar, o tempo todo: *Sua vida vai ser assim para sempre. Nunca mais vai melhorar.*

Qualquer um que já tenha passado por verdadeiras crises de ansiedade sabe que, se você acreditar em seus pensamentos em horas assim, as coisas podem ficar perigosas. Podem ficar bem sombrias, bem rápido. Ter um pensamento tóxico que fica o tempo todo tentando convencê-lo de que as coisas nunca vão melhorar é profundamente inquietante e um dos piores terrores psicológicos que alguém pode vivenciar. Você pode ter dez amigos queridos e compreensivos que sempre dizem que aquilo vai passar, que insistem para que você se lembre de que várias outras coisas já não são mais as mesmas, então é claro que isso também vai acabar mudando um dia. Você escuta, assimila o que estão dizendo. Mas nada o comove de verdade. Lá no fundo, a voz sombria ainda está sussurrando.

Acho que nunca passei por um período tão horrível na minha vida. No fim, a escuridão chegou a tal ponto que, certa noite, adotei uma postura prática e me perguntei se eu não deveria simplesmente pôr fim à minha vida. Foi só um pensamento, mas ele estava lá. Inconfundível. Eu não conseguia mais aguentar aquele sentimento, não conseguia entender como poderia carregar todo aquele peso. E quero muito que qualquer um de vocês que tenha um ente querido passando por uma fase dessas, ou se você mesmo estiver passando por um período tão sombrio que mal consegue respirar, saiba disto: você não está sozinho. Vários de nós já passamos por isso. E demos a volta por cima.

É fácil se afastar quando você está se sentindo mal. É fácil se isolar como eu fiz. Raramente ajuda. Talvez nunca. Começamos a existir na presença de outros. Isso é extremamente importante quando as coisas ficam difíceis. Se puder, cerque-se de pessoas que reflitam a sua luz. Tente encontrar forças nos relacionamentos em que você se sente seguro, relaxado. Nos relacionamentos em que sinta que gostam de você do jeito que é.

Passaram-se meses. Outro inverno chegou. Quase todos os meus amigos tinham parado de telefonar, porque eu quase nunca atendia e, quando atendia, era monossilábico e dizia que não queria ver ninguém. Eu não conseguia suportar a ideia de conversar com eles, porque achava que poderia infectá-los com a minha escuridão. Senti que já estava quase no meu limite. Noite após noite, eu desfazia a cama e me deitava, mas não me atrevia a dormir, porque aquilo trazia instantaneamente os pensamentos ruins de volta:

Eu nunca vou ter uma namorada, nunca vou constituir uma família, nunca vou encontrar um emprego e nunca vou ter dinheiro para com-

prar uma casa ou um carro. Ninguém nunca vai querer ficar comigo.
Passei dezessete anos me dedicando ao meu crescimento espiritual, e
é isso que tenho a oferecer.

Eu sentia vergonha a maior parte do tempo. Tinha dedicado metade da minha vida a aprofundar, compreender e me desenvolver como pessoa. Eu deveria ter voltado para casa como uma bolinha de sabedoria brilhante e milenar. Em vez disso, eu me sentia a pessoa mais infeliz e fracassada da Suécia. Minha cabeça estava tomada pelo clangor dos meus pensamentos sobre o futuro: *As coisas só vão piorar.* Eu não conseguia resistir nem discutir. Era como usar uma espada de madeira e um elmo de papel para lutar contra um dragão que cuspia fogo.

A ansiedade foi o professor espiritual mais cruel que já conheci, mas também o melhor.

Foi o que mais me motivou a não acreditar em cada um dos meus pensamentos. Porque, mesmo que aqueles pensamentos sombrios fossem assustadoramente convincentes, tudo o que aprendi e pratiquei ainda servia como um frágil salva-vidas. Apesar de toda a escuridão que me invadia e me cercava, eu conseguia, por meio da meditação, encontrar um lugar para descansar. Um lugar para respirar. Por ter passado tanto tempo praticando para me libertar dos pensamentos, eu conseguia me valer dessa habilidade nos momentos mais profundos de depressão. Nem sempre, mas com frequência suficiente, eu conseguia desviar minha atenção daqueles pensamentos horríveis e me concentrar na minha respiração. É claro que eles teimavam em voltar depois de uma única respiração, mas, depois de me esforçar por um tempo, conseguia chegar a duas respirações consecutivas. Isso me ajudou a passar por tudo.

Levei dezoito meses para ver a luz de novo.

VINTE E SEIS

Isso também há de passar

Tudo o que eu queria era me trancar em casa e me esconder de tudo e de todos. Para mim, um dia bom era aquele em que ninguém me ligava nem enviava e-mails. Assim, eu conseguia assistir a mais meia temporada de *Desperate Housewives* em paz. Mas, felizmente, o mundo se recusava a respeitar o meu isolamento. E também percebi que as coisas não acabariam bem se eu continuasse sozinho e evitasse tudo que cruzasse meu caminho.

Meu pai foi sábio o suficiente para dizer, depois de um ano e meio:

— Veja bem, Björn, você está passivo demais. Sabe aquelas dez mil coroas suecas que vínhamos depositando para você todos os meses como adiantamento da sua herança? Bem, isso acabou agora.

É óbvio que não gostei nada da decisão, mas sabia que ele estava certo. Então, pouco a pouco, comecei a sair da toca. Durante uma visita ao mosteiro na Suíça, meu amigo monge Ajahn Khemasiri me disse de forma bondosa, mas firme:

— Natthiko, chegou a hora de você voltar a compartilhar seu conhecimento.

E ele estava certo.

Comecei a ensinar em retiros de meditação tanto curtos como longos. E me saí surpreendentemente bem. Na época, quase todos os instrutores de meditação na Suécia eram estrangeiros e as aulas eram em inglês, então havia demanda para profissionais que conseguissem lecionar em sueco, e fui bem recebido. Fazer algo que era valorizado pelos outros foi um bálsamo para a minha alma, e comecei a me recuperar, um passo de cada vez. Eu tinha algo a oferecer.

Dar aula me ajudou a finalmente encontrar um lugar que pudesse ser meu. Compartilhar com os outros algo que era tão importante para mim foi uma experiência profundamente significativa, um sentimento que eu não vivenciava havia dezoito meses. O fato de as pessoas me darem as boas-vindas com admiração também significou muito. Assim como o ato de me colocar mais uma vez em situações nas quais as pessoas me contavam sobre elas e suas vidas, nas quais eu podia novamente oferecer toda a minha atenção e, às vezes, dar meu apoio e meu encorajamento. Eu tinha sentido *tanta* falta daquele tipo de encontro!

Depois de um tempo, arrisquei dar mais um passo: falar com pessoas que não tinham procurado retiros e aulas. Meu amigo Daniel me convidou para dar uma palestra para os inquilinos do seu apart-hotel Arkipelagen. Depois disso, comecei a dar cada vez mais palestras para empresas públicas e privadas. E fiquei surpreso ao descobrir como eu era bem recebido também nesse meio. Quem poderia imaginar que, no fim das contas, *eu* tinha mesmo algo a oferecer? Apesar das feridas psicológicas que eu carregava. Apesar da confusão e da depressão. Apesar da ansiedade.

Minha confiança e meu valor ainda estavam abalados, mas aos poucos comecei a sentir, com segurança, que talvez o mercado de trabalho tivesse um lugar para mim no fim das contas. As pessoas pareciam gostar de me ouvir. Muitas delas até vinham me dizer que valorizavam minhas palavras.

Ser acolhido por um mundo tão gentil e generoso fez toda a diferença. Talvez soe religioso demais para alguns de vocês, mas afirmo com certeza: vejo isso como carma. Afinal, eu havia passado os últimos dezessete anos aprendendo a ouvir mais e mais a minha mais linda voz interior. E isso surtiu um efeito. Agora, o mundo desejava o meu bem.

No meio de tudo isso, recebi uma ligação do canal de TV público sueco:

— Stina Dabrowski o entrevistou quando você morava no mosteiro na Tailândia, não foi? Então, o marido dela é produtor do programa de entrevistas da Anne Lundberg. Você aceitaria ser nosso convidado e contar como é estar de volta e como é sua vida agora?

Todo o meu ser pareceu se encolher: *Nãããão, não, não! Você acha que está convidando uma pessoa que vai se sentar lá e falar sobre sabedoria milenar, mas eu ainda estou muito infeliz e confuso.* Ao mesmo tempo, ouvi minha resposta:

— Claro, eu adoraria participar do programa.

Como aquilo aconteceu?

Então, em junho de 2010, lá estava eu no estúdio. Já no fim da entrevista, Anne me perguntou se havia alguma coisa que eu esperava da vida. Respondi que gostaria de me apaixonar. Depois que o programa terminou, Kjell Dabrowski me abraçou e disse:

— Esse foi o classificado de relacionamentos mais sagaz que já vi!

Algumas semanas depois, antes mesmo de o programa ir ao ar, Elisabeth entrou em contato comigo pelo Facebook. Ela é amiga de uma amiga, e nós só tínhamos nos visto uma vez, em um jantar vinte anos antes. Depois de retomarmos o contato pela internet, eu a convidei para ir a Falsterbo, onde eu morava na época. Pouco antes, Elisabeth tinha participado de um seminário e o líder lhe dissera como tinha sido importante encontrar um mentor espiritual. Elisabeth achou que eu talvez pudesse ser o mentor espiritual dela, mas eu tinha outros planos. Elisabeth saiu do carro alugado no estacionamento perto de Falsterbo. Nós dois estávamos um pouco tímidos, mas fingimos que não. Eu estava muito bronzeado por causa de um dia na praia e rimos um pouco disso. Fizemos um passeio de bicicleta até Skanör. Elisabeth tagarelou durante todo o trajeto e acabou engolindo um monte de insetos. Rimos um pouco disso também. Tudo parecia natural de uma forma nada natural. Meu sentimento era: *É claro que nós dois temos que ficar juntos. Esta é a mulher que quero ao meu lado. Faça chuva ou faça sol.* Eu havia colocado uma garrafa de vinho *rosé* na geladeira e preparado o meu famoso ensopado de peixe. Comemos no jardim. As andorinhas voavam com leveza, assim como meu coração.

Elisabeth se tornou a melhor parte da minha vida. Sempre foi como um bálsamo para mim. Nossa proximidade física e o carinho são bálsamos. O dia a dia que compartilhamos e os filhos dela, já adultos, são bálsamos. A comida que ela prepara, seu amor e seu entusiasmo pela vida. Seu humor, sua risada. A sabedoria que ela exala a cada respiração. Bálsamo. Assim como acontece em todos os relacionamentos, passamos por dificuldades. Às vezes jogamos sal na ferida um do outro, quase sempre sem querer. Mas esses lugares sensíveis e feridos são justamente os que precisam receber a luz da consciência amorosa. Então, tudo é exatamente como deveria ser. Mesmo nos momentos difíceis. Felizmente, já percebemos há bastante tempo que é fútil brigar para saber quem está certo e quem está errado, então raramente entramos nesse jogo. Uma vez, eu falei durante o sono, mas me dirigindo a Elisabeth. Ela acordou e ficou ouvindo ao meu lado. No sonho, eu a chamei de *Dádiva*. E é exatamente como a vejo.

Quando decidimos nos casar, pedi a bênção dela para colocar uma inscrição incomum na minha aliança de casamento. Ela concordou de bom grado porque sabia o que as palavras significavam para mim. Quando a joalheira ouviu o que eu queria, deu risada e comentou que era a coisa menos romântica que alguém já lhe pedira para gravar em uma aliança.

Fazia 25 anos que eu escutara pela primeira vez as palavras que decidi gravar na minha aliança. Em uma noite estrelada na Tailândia, nosso professor Ajahn Jayasaro nos contou uma história que se passava no Oriente Médio no século XIII. Um rei persa reinava com muita sabedoria. Entre seus súditos, havia um homem que queria saber o que havia por trás de toda a sabedoria do rei. O homem caminhou por semanas até chegar ao palácio real, onde finalmente conseguiu uma audiência. Quando se ajoelhou diante do rei, perguntou:

— Qual é o segredo por trás da sua forma justa, auspiciosa e feliz de governar o nosso país, honorável rei?

O rei tirou o anel de ouro e o entregou ao visitante antes de responder:

— Você vai encontrar o segredo no anel.

O homem levantou a joia em direção à luz e leu em voz alta:

Isso também há de passar.

Nada dura para sempre. Tudo é impermanente. Essa é a má notícia. Mas é a boa notícia também.

VINTE E SETE

Tudo começa por você

O amor é um dos assuntos mais difíceis de abordar com sinceridade. O amor pelos outros e o amor por si mesmo. É um assunto sensível, pois está intrinsecamente ligado ao que existe de mais vulnerável no ser humano. Mas também é por isso que é tão importante. Buda selecionou quatro emoções que considerava divinas. São chamadas *Brahmavihāra*, moradas divinas, porque é nesses sentimentos que os deuses podem ser encontrados. Também é o lugar onde encontramos a nossa divindade. A beleza que existe dentro de nós.

A primeira das emoções divinas é a *boa vontade*.

A segunda é a *compaixão*.

A terceira é uma palavra para qual não temos uma boa tradução no Ocidente: *Muditā*, a capacidade inerente ao ser humano de se alegrar com o próprio sucesso e o sucesso dos outros. É aquela sensação que temos quando alguém de quem gostamos está se saindo bem, quando está feliz. A tradução mais próxima seria alegria altruísta.

A quarta é um pouco inesperada: *Upekkha*. Equanimidade seria uma tradução bem direta. É uma emoção carregada de sabedoria. Em geral, é a corda emocional básica da consciência. É uma coisa delicada. Atenta. Desperta. Algo dentro de nós que é capaz de absorver todas as coisas e compreender que, neste momento, tudo é exatamente como deveria ser.

Nas suas instruções para cultivar essas virtudes divinas, esses lindos lugares de descanso para o coração humano, Buda usou uma explicação bem simples e direta: *Você sempre deve começar por você.*

Sua compaixão pelos outros sempre será insuficiente e frágil se, antes de tudo, você não conseguir sentir compaixão por si mesmo. Para que possamos crescer no nosso amor, precisamos ser capazes de direcionar o afeto para dentro. Infelizmente, muitos de nós se esquecem disso e não conseguem transformar isso em prioridade. Costumamos ser críticos e duros com nós mesmos, sem perceber que também somos merecedores de compaixão. Principalmente quando não estamos nos sentindo bem.

Não seria ótimo se pudéssemos abordar as coisas que nos magoam com um pouco mais de sensibilidade, paciência e empatia? Não seria valioso se pudéssemos confrontar nossa dor com uma pergunta genuína e honesta: *Será que posso fazer algo para me ajudar neste momento e evitar que eu passe muito tempo me sentindo assim sem necessidade? Será que posso fazer alguma coisa para que seja mais fácil ser quem eu sou?*

Costumamos achar que isso é intelectualmente desafiador. É muito fácil deixar a voz tranquila do coração passar despercebida quando a voz na sua cabeça está berrando: *Eu não deveria me sentir tão mal assim. Eu não deveria reagir a isso. Eu não deveria sentir tanta raiva, tanta mágoa, tanta inveja, tanto rancor.* Mas uma coisa é certa: esse tipo de repreensão não ajuda quem está lidando com emoções difíceis. Em vez disso, precisamos ir àquele lugar que dói e tentar enxergá-lo com o máximo de compaixão e compreensão que pudermos. Tentar ver se conseguimos uma forma de enfrentar os pensamentos sombrios e trazê-los para a luz *sem* acreditar neles.

Se conseguirmos começar a nos ver sob um prisma mais compreensivo e tolerante, tratar as pessoas do mesmo jeito é uma consequência natural. Mas enquanto continuarmos a nos ver sob uma perspectiva dura e exigente, não poderemos oferecer um amor absoluto aos outros.

Não precisamos usar a palavra *amor* se ela parecer grandiosa demais. Durante minha vida monástica, um dos meus principais exemplos foi Ajahn Sumedho, um americano grandalhão que nasceu no mesmo ano que meu pai. Ele acabou escolhendo usar *não aversão* em vez de *amor*. Não é exatamente comovente, mas talvez seja um objetivo mais realista. Será que consigo fortalecer a minha capacidade de não sentir aversão? De não desgostar das coisas? Coisas tanto em mim quanto nos outros.

Sei que muitas pessoas têm dificuldade de sentir compaixão por se considerarem imperfeitas e inadequadas. Não se consideram *dignas* desse cuidado emocional. Mas, se estamos esperando nos sentir dignos de amor, se queremos que esse sentimento surja dentro de nós como em um passe de mágica, corremos o risco de ter que esperar para sempre.

Do que precisamos para sentir que merecemos nosso próprio acolhimento? O que precisamos conquistar em termos de aptidão, beleza e sucesso? Quanto tempo temos para corrigir cada um dos nossos mínimos erros? Qual o nível de perfeição que precisamos atingir em tudo que fazemos? Será que um dia chegaremos lá?

Seria ótimo se todos nos lembrássemos sempre de que estamos fazendo o melhor que podemos. Os outros também estão. Às vezes pode ser difícil ver ou compreender isso na hora, mas a maioria de nós quer fazer o bem quase o tempo todo. Às vezes, as coisas não saem como gostaríamos. Às vezes, as coisas dão certo, às vezes, dão errado. Mas existe valor em interpretar nossos atos e os das pessoas à nossa volta tendo em mente que estamos fazendo o melhor que podemos.

Só existe um relacionamento que dura realmente a vida toda, da nossa primeira respiração até a última: o relacionamento com nós mesmos. Imagine se ele fosse regado com compaixão e afeto? Com uma capacidade de perdoar, de esquecer as pequenas falhas. Imagine se conseguíssemos nos ver com mais gentileza e bondade, e rir de nossas falhas. Imagine se pudéssemos nos tratar com o mesmo cuidado amoroso que oferecemos aos nossos filhos e a outras pessoas que amamos sem reservas. Isso nos faria muito bem. E as emoções divinas floresceriam em nosso âmago.

VINTE E OITO

A vida de calça comprida

Voltei para casa em Knäred e restabeleci uma vida digna enquanto minha nova carreira tomava forma. Mas a Suécia estava provando ser um país mais difícil do que eu me lembrava. Tive a impressão de que as pessoas estavam mais distantes umas das outras e de que havia mais estresse. Todos só sabiam falar de conquistas e controle, e eu tinha passado dezessete anos praticando me libertar de tudo aquilo! Além disso, descobri que eu era muito mais dado a colaborar do que a competir, mas essa perspectiva não parecia ser uma parte natural da sociedade para a qual eu havia retornado.

Mais ou menos nessa época, eu me lembro de encontrar um velho amigo da faculdade. Ele perguntou qual era o meu plano de negócios, já que eu tinha voltado para o mercado de trabalho. Respondi que planejava aproveitar as oportunidades que surgissem. Ele não ficou nem um pouco impressionado. Para mim, porém, essa era justamente a única opção, e ainda é. A não ser que minha intuição discorde. Nesse caso, eu a escutarei.

E veja só como são as coisas. De repente, eu estava orientando 150 membros do sindicato em uma meditação sobre os mistérios da consciência. No dia seguinte, compartilhei meu mantra mágico favorito com oitenta investidores de risco de todo o mundo. Que dádiva! Eu, que sempre duvidei do meu valor. Eu, que achava que não tinha nada a oferecer, que nunca acreditei que houvesse um lugar no mercado de trabalho no qual eu sentisse que tinha valor e pudesse compartilhar coisas que as pessoas talvez apreciassem. E lá estava eu recebendo as boas-vindas de um mundo generoso, que me oferecia uma oportunidade atrás da outra para fazer justamente isso, por meio de retiros, palestras, podcasts, entrevistas para emissoras de TV e rádio e, sim, até mesmo da minha própria turnê.

Quando eu estava no fundo do poço, jamais imaginei que as coisas aconteceriam como aconteceram. Sempre que eu percebia que as pessoas achavam que eu tinha algo a oferecer, alguma coisa dentro de mim se curava um pouco mais. E agora, ao olhar para minha carreira, fico impressionado, como se eu tivesse acabado de sair de uma montanha-russa. *Que jornada!*

Tenho a impressão de que um novo tipo de humildade começou a surgir na Suécia nos últimos anos. Mais pessoas estão abertas a se voltar para dentro, a ser menos rígidas, a experimentar novas perspectivas e questionar as antigas. Isso é um bom presságio.

A estrela que me guiou na minha jornada de volta ao trabalho foi a *confiança*. Acho que passei a valorizar ainda mais a lição de levar uma vida com as mãos abertas e confiar no universo, sem tentar manipular as circunstâncias para que as coisas aconteçam do meu jeito. É claro que existe uma grande diferença entre fazer isso como monge da Tradição das Florestas e como um cidadão em plena sociedade ocidental, mas é tão importante lá quanto aqui. Aqui, tendemos a acreditar que podemos e devemos ter mais controle sobre a vida. Mas estamos errados.

Lembro-me de uma ocasião, uns dois anos depois de deixar a vida monástica, em que eu estava indo para a casa dos meus pais para devolver o carro que eles tinham me emprestado, já que eu ainda não tinha um. Eu havia usado o carro para ir até Hook's Manor, para dar uma palestra em uma reunião anual de administradores de golfe suecos, um dos muitos trabalhos inusitados para um ex-monge da Tradição das Florestas. Quando eu estava chegando a Estocolmo, meu celular tocou. Era da TV4. Queriam que eu participasse do programa matinal, em um quadro sobre pessoas que decidiram mudar de vida depois de certa idade.

Aparentemente, no dia anterior eles haviam convidado um homem de 92 anos que tinha acabado de lançar seu primeiro romance policial, e aquilo se provou um segmento popular. Fiquei tentando imaginar a reunião de pauta deles: *Será que conseguimos encontrar outra pessoa idosa que passou por uma grande mudança já em uma fase avançada da vida? Ouvi falar de um ex-monge velho que mora em Gotemburgo. E se a gente convidá-lo?*

Fui idiota o suficiente para aceitar. E é óbvio que passei a noite em claro de tanto nervosismo. Minha autoimagem ainda estava longe de ser positiva, e dizer que eu estava tenso por participar de um programa ao vivo pela primeira vez na vida seria um eufemismo.

Fui até o estúdio na manhã seguinte, nervoso e inseguro por ter dormido pouco. Os apresentadores, Peter Jihde e Tilde de Paula, foram extremamente gentis, e, depois de um tempo, nós nos sentamos no sofá e começamos a conversar. As câmeras estavam filmando. Quando já estávamos conversando havia um tempo, eu disse algo do tipo:

— Claro, mas, quer saber? Às vezes uma porta se fecha na sua vida sem que outra tenha se aberto. Alguma coisa está menos viva do que antes, um relacionamento, um emprego, uma casa, a cidade em que você mora. Isso pode acabar sem que tenha chegado a próxima etapa. De repente, você se vê cercado de incertezas. Em quê você pode se apoiar em momentos assim? Não é importante que, nessas horas, você possa contar com um senso inerente de confiança?

Peter Jihde pareceu se transformar em um grande ponto de interrogação. Se ele fosse um personagem de história em quadrinhos, o balão de pensamentos sobre a cabeça traria algo do tipo: *Eu não faço a mínima ideia do que você está falando, mas concordo plenamente.* A linguagem corporal de Tilde de Paula mostrava que ela estava mais cética. Acho que no balãozinho de pensamento dela leríamos algo do tipo: *Claro, para ele é fácil falar em confiança. Afinal, teve casa e comida de graça por dezessete anos.* Mas ela foi mais educada que isso e retrucou mais ou menos assim:

— Mas sério, Björn. As pessoas precisam de creches para os filhos, precisam botar comida na mesa... Você não pode depender apenas da fé.

Eu estava preparado para aquela objeção; sei que incomodo as pessoas quando começo a falar sobre confiança. No entanto, como eu tinha passado a noite em claro, preocupado com a entrevista, eu tinha pensado no que eu iria dizer e respondi:

— Com certeza, Tilde, você está certa e eu concordo plenamente. A confiança nem sempre é a resposta nem a solução. Algumas situações precisam ser controladas. Vamos pegar um exemplo do grande e valioso tesouro da sabedoria do islamismo. Há muitos ditados populares por lá, e um deles diz: *Confie em Alá, mas amarre seu camelo.*

Minha intenção não foi fazer piada, embora o ditado seja engraçado. Adoro a sabedoria que ele passa e sempre a levo comigo. É muito fácil se agarrar a um determinado pensamento, colocar na cabeça que você tem de passar a vida confiando o tempo todo sem depender de mais nada. *Não, não, não!* Na hora de preparar seu imposto de renda, por exemplo, a confiança é um método terrível. Esse é um momento de controle. Quando você não pode se atrasar para um evento em que prometeu aos filhos que estaria, é provável que precise de planejamento. Mas continuo acreditando que, nesta parte do mundo, nesses tempos, precisamos ser lembrados de que a confiança é valiosa. A confiança se tornou uma das minhas melhores amigas. Quando estou tentando encontrar uma forma de avançar na vida, uso a inteligência do momento e a confiança como bússolas. Eu quero poder confiar em mim mesmo e quero poder confiar na vida.

VINTE E NOVE

O significado da vida é encontrar o seu dom e usá-lo

À s vezes, quase fico tonto ao pensar em como teria sido minha vida se eu não tivesse largado a carreira de economista. Ainda me lembro da sensação de estar sentado no trem, a caminho da sede da AGA, os primeiros seis meses depois de me formar na faculdade. Todas as manhãs, meus pensamentos mais pareciam um bando de crianças bagunceiras, gritando e se agitando para lá e para cá. Berravam todas as coisas que eu precisava fazer e conquistar. E havia também aquela sensação subjacente, incômoda e implacável de que eu não tinha me preparado o suficiente, de que não tinha considerado todos os pormenores, de que ainda havia uma tonelada de coisas que poderiam dar errado. Ficava ali, no trem, sentindo um aperto no peito. *Minha vida será sempre assim? Uma ansiedade constante por achar que não me prepararei o suficiente? Será que não podemos pular direto para a aposentadoria? O que leva uma pessoa a passar tanto tempo se sentindo assim?*

Felizmente, encontrei outra forma de começar meus dias. Graças a ela, eu não precisava ficar preso nos meus próprios medos, preferências e esperanças. Conseguia estar ciente do fato de que a vida está acontecendo bem aqui e agora. É impressionante como é mais divertido viver assim, e sinto um profundo contentamento por ter conseguido moldar minha profissão atual com base nesses fundamentos.

No fim, tudo se resume a confiança, é claro. Quando vou dar uma palestra, por exemplo, não uso anotações. Não estou dizendo que é errado usar anotações, mas tenho a sensação de que, se eu começar a usar um roteiro, repetindo sempre as mesmas coisas que escrevi e ensaiei várias e várias vezes, alguma coisa dentro de mim vai murchar e secar. E acho que o público sentiria isso também. Não seria tão "verdadeiro" se eu fizesse assim.

Uma das coisas mais corajosas que já fiz em relação ao trabalho foi sair em uma turnê nacional em 2019. Escolhemos o nome "As chaves para a liberdade". Pareceu um pouco arrogante, porém, mais do que nunca, a vida parecia curta demais para ficar esperando a aprovação do mundo, então simplesmente mergulhei de cabeça. Caroline, minha querida e leal amiga e assistente, cuidou de todos os aspectos práticos. Nosso plano era visitar entre oito e dez cidades, mas, no fim, visitamos quarenta. Nunca me senti tão inspirado. Mais de vinte mil pessoas dispostas a confiar em mim e se abrir para me ouvir. Isso ainda parece inacreditável.

Antes de sair em turnê, perguntei a alguns colegas palestrantes:

— Qual é sua opinião sobre a ideia de um homem branco de meia-idade, com uma linguagem corporal contida, passar duas horas falando em cima de um palco, sem roteiro, intervalos, música nem efeitos visuais?

É claro que ninguém achou que aquele seria um bom conceito, o que é bem compreensível. A ideia toda era realmente muito excêntrica. Mas funcionou. Porque, mesmo sem roteiro e sem um plano muito definido, havia uma vontade muito sólida e muitas boas intenções envolvidas, e eu já tinha aprendido a confiar nessas coisas. Além disso, as pessoas pareceram apreciar a minha sinceridade.

A minha vida na Suécia estava começando a ganhar um ritmo agradável, não exatamente como acontecia no mosteiro, mas de um jeito diferente: o dia a dia com Elisabeth, as meditações guiadas e os fins de semana de meditação que eu era convidado para organizar, além de palestras em empresas privadas, jantares com amigos e viagens por todo o mundo para visitar mosteiros e ouvir meus professores espirituais. Não era a vida que eu levava antes de me tornar um monge. Não era a vida que levei como monge. Era algo novo. E percebi que eu não tinha nenhuma reserva quanto a isso. Eu gostava daquela vida.

Mas certas coisas interrompiam meu ritmo. Detalhes sutis que não pareciam normais. Continuei tendo problemas durante o sono. Dormia feito uma pedra, mas muitas vezes acordava no meio da noite e não conseguia mais pregar os olhos.

Ao sair para correr, comecei a notar que meu corpo não conseguia mais atingir o mesmo desempenho de antes. Era como se eu estivesse ficando cada vez mais fraco, perdendo a força muscular. Um dia, descobri que não conseguia mais fazer flexões nem abdominais.

Havia algo errado. Alguma coisa no meu corpo me dizia para ficar alerta.

Certa noite, Elisabeth e eu estávamos lendo na cama quando, de repente, ela olhou para mim e perguntou por que eu estava tremendo.

Coloquei o livro na cama e vi claramente os espasmos musculares do peito, do abdômen e dos braços, e não conseguia fazê-los parar. Não era como um terremoto, e sim como pequenos tremores. Fasciculações.

Peguei o celular e comecei a pesquisar as alterações que eu tinha notado no meu corpo. O que encontrei não foi nada promissor.

TRINTA

Quem confia alcança

Meu melhor amigo na Tailândia se chamava Tejapañño. Raspamos a cabeça e nos tornamos noviços juntos. Tejapañño era um desses caras com um coração gigante. Neozelandês, ex-campeão de surfe e um dos homens mais bonitos que já vi na vida. Nas rondas de mendicância, eu sempre ficava na frente, pois me tornei noviço um minuto antes dele. Como a tradição determina, geralmente eram as mulheres da aldeia que traziam as doações. Quando colocavam comida na minha tigela, baixavam os olhos e faziam uma ligeira reverência, com as mãos unidas junto ao peito. Quando colocavam comida na tigela de Tejapañño, porém, olhavam para ele e abriam seu melhor sorriso. Eu não as julgava.

Falar sobre confiança sempre me traz à lembrança uma viagem que fizemos juntos. Íamos para a Malásia para renovar nosso visto. Depois de ser ordenado monge, o Departamento de Religiões de Bangkok cuidava disso, mas, quando se é noviço ainda, você precisa resolver tudo sozinho. Mesmo que nós, monges da Tradição das Florestas, não lidássemos com dinheiro, não faltavam recursos para o mosteiro. A fundação recebia doações em dinheiro que eram mais que o suficiente. Então, quando nosso abade disse para a diretoria que dois noviços precisavam de passagens de trem para renovar os vistos no consulado tailandês em Penang, na Malásia, tudo foi providenciado.

Pegamos o trem noturno para Bangkok e, na manhã seguinte, um grupo de idosas gentis nos aguardava na plataforma para nos dar comida. Naquela tarde, chegamos a Butterworth, no continente, em frente à ilha de Penang.

A balsa para chegar à ilha custava alguns ringuites. O que deveríamos fazer? Como já mencionei, monges e monjas budistas não têm permissão para pedir nada.

Trocamos um olhar e, rindo, concordamos que aquela seria uma ótima oportunidade para praticar a paciência e a confiança. Então, escolhemos um lugar no terminal da balsa, a uma distância respeitosa da bilheteria. Ficamos lá por algumas horas. As pessoas paravam para conversar com a gente de vez em quando e, finalmente, um jovem americano se aproximou e nos abordou:

— Que maneiro, monges ocidentais!

— Olá!

— A túnica de vocês é um pouco diferente das que eu vi em Bangkok. As de lá tinham um tom de laranja. A de vocês é mais ocre. Vocês são monges da Tradição das Florestas?

— Somos, sim.

— E o que estão fazendo aqui?

— Hum... bem... estamos só parados aqui...

— Claro, mas é um terminal de balsas, não é? Parece um lugar estranho para haver monges da Tradição das Florestas. Vocês não deveriam estar... sei lá... na floresta?

— Sim, é onde normalmente ficamos...

— Outro dia mesmo eu estava conversando com um conhecido sobre os monges da Tradição das Florestas. Ele me falou que vocês tentam viver quase que exatamente como as pessoas da época de Buda. É verdade?

— É, sim.

— É verdade que vocês não lidam com dinheiro?

— Sim, é isso mesmo.

— Mas vocês estão aqui...

— Exatamente...

— Será que é porque vocês precisam pegar a balsa, mas não podem comprar passagens?

— Tem muita verdade aí.

— Ah, meu Deus, então é isso! Vou ajudar vocês. É baratinho mesmo. Vou comprar duas passagens de ida e volta. Podem deixar comigo!

Não posso culpar as pessoas que leem sobre mosteiros, monjas, monges, regras e religiões antigas por associar tudo a controle, previsibilidade, restrição e reclusão. Mas não era assim que vivíamos. Ficávamos completamente expostos e sujeitos à generosidade de estranhos *todos* os dias. A vida monástica foi desenvolvida para intensificar o grau de incerteza. E os resultados do treinamento são muito úteis.

Isso se confirmou para mim várias e várias vezes, mesmo depois que voltei para "o mundo normal". Não vivemos em um universo aleatório, frio e hostil. Ao contrário. O mundo nos devolve exatamente aquilo que oferecemos para ele. Quanto mais determinados estivermos em controlar as circunstâncias da vida, mais desconfortável nos sentiremos quando formos lembrados de que existe uma coisa chamada confiança. Isso significa que perdemos os benefícios dela. E, em algumas situações, a confiança pode ser o único apoio que nos resta.

TRINTA E UM

A notícia

Chovia torrencialmente em Varberg no dia 11 de setembro de 2018. Quando entrei no consultório médico do departamento de neurologia do hospital, me senti como um soldado a caminho do campo de batalha. Controlado e amedrontado ao mesmo tempo. Tão pronto quanto uma pessoa pode estar para talvez ver seu mundo virar de cabeça para baixo.

Depois que comecei a notar o comportamento estranho do meu corpo, procurei um médico e fiz alguns exames muito desagradáveis naquele verão. Em um deles, enfiaram uma agulha na minha língua. Em outro, recebi centenas de choques elétricos em várias partes do corpo, um mais potente que o outro. É claro que eu estava cada vez mais convencido de que era uma coisa muito séria. Pesquisei os sintomas no Google. Eu sabia qual era a pior das hipóteses, e alguma coisa bem lá no fundo me avisou que eu precisava me preparar. Quando apresentei os resultados, a médica respirou fundo para se preparar e, então, me deu o diagnóstico que ela tanto esperava evitar:

— Björn, todos os sinais apontam para ELA.

Três letrinhas. ELA. Esclerose lateral amiotrófica. A pior das hipóteses. O pesadelo. A doença que a imprensa apelidou de "doença do demônio". A doença que faz os músculos atrofiarem até que o corpo não tenha mais força nem para respirar.

A medicina moderna ainda não encontrou uma cura para ELA. É incurável. Eu disse para a médica que eu tinha lido na Wikipédia que a pessoa geralmente tem de três a cinco anos de vida a partir do diagnóstico, e ela respondeu:

— No seu caso, está mais para *um* a cinco anos.

Enquanto escrevo estas palavras, já se passaram um ano e nove meses desde o diagnóstico.

Aos poucos percebi que a vida estava acontecendo em dois planos simultâneos. Em um nível pessoal, a notícia me atingiu em cheio. Sofrimento e choque me rasgaram por dentro. Eu chorava de soluçar. Ao mesmo tempo, outra parte de mim permaneceu calma e encarou aquela nova realidade com olhos gentis e abertos. Sem resistência. Uma sensação estranha, mas não desconhecida. Ainda posso me apoiar nesta parte de mim: a *consciência*. A parte de mim que está sempre desperta e nunca luta contra a realidade.

A médica era muito boa no seu trabalho e tinha muita inteligência emocional. Enquanto eu estava ali, atordoado, ela me tratou com bondade e sensibilidade. Tentei me controlar ao máximo, já que queria usar o gravador do celular para registrar tudo o que ela estava dizendo. Não queria me esquecer de nenhuma informação importante. Ela listou tudo que ia acontecer e, quando acabou, saí do consultório. Assim que a porta se fechou atrás de mim, desmoronei. Meu corpo tremia de tristeza quando liguei para meu amigo Navid. Minha amada Elisabeth e eu tínhamos combinado que eu não daria a notícia da consulta pelo telefone, independentemente do diagnóstico, pois achávamos melhor esperar até eu chegar em casa. Nós dois estávamos com muito medo do resultado. Então, Navid me fez companhia enquanto eu atravessava os corredores infinitos e frios do hospital e seguia até o carro debaixo de chuva. Quando me sentei ao volante, senti que conseguiria ficar bem durante o trajeto para casa e desligamos. Fiquei mais ou menos bem.

Senti o pesar me açoitando como ondas. Quando entrei na via expressa, as erupções vulcânicas de tristeza irromperam no meu corpo outra vez. Minha mente foi tomada por pensamentos insuportáveis como: *Achei que eu fosse envelhecer ao lado de Elisabeth. Eu queria tanto ser avô postiço dos netos dela e vê-los crescer.*

Então, liguei para outro amigo, Lasse "Bombeiro" Gustavson. Lasse é uma das almas mais lindas que já tive a honra de conhecer. É como um farol de bondade na minha vida. Mesmo nos mares mais turbulentos, perto das rochas mais perigosas, posso me voltar para ele para ver a luz. E essa luz sempre emite o mesmo sinal, e de uma forma muito convincente: *Tudo está exatamente como deveria estar. Sempre. O universo nunca comete erros.*

Lasse alentou meu coração até eu estar a sete ou oito minutos de casa, calmo o suficiente para seguir sozinho. Senti que, por ora, não tinha mais lágrimas para derramar. Vazio. A tempestade tinha passado, meu corpo estava relaxado, e o peito, aberto. Eu estava completamente calmo por dentro. Não estava pensando em nada, só descansando na serenidade, vivenciando a mais absoluta atenção plena.

Quando eu estava prestes a sair da via expressa, alguma coisa emergiu dentro de mim. Aquela voz sábia e intuitiva falou comigo de novo, do mesmo lugar do qual tinha surgido tantas vezes antes. Não foi tão divagante quanto o que escrevo a seguir, e não posso dizer que chegou a formar frases, foi mais como uma noção ou uma visão instantânea, mas a mensagem foi muito clara:

OBRIGADO por todas as forças envolvidas, por me incentivar por tanto tempo a viver a minha vida com integridade. Obrigado por me dar tantas oportunidades auspiciosas para trazer à tona o que há de mais bonito em mim. Agora que meu último suspiro parece estar mais próximo do que eu imaginava, posso calmamente fazer um inventário e dizer que não fiz nada imperdoável, nada que provoque um profundo arrependimento ou que não tenha conseguido corrigir. Não tenho nenhuma bagagem cármica pesada para carregar. Quando minha hora chegar, quando for o momento de abandonar esse invólucro mortal para sempre, poderei saudar a morte de frente, sabendo que tive uma vida de bem. Poderei dar meu último suspiro sem ter medo do que vem depois.

Foi um pouco surpreendente, como momentos mágicos costumam ser. Foi uma sensação incrivelmente poderosa e bonita, quase de contentamento. Também foi uma confirmação. Eu sempre soube como é importante ser decente e verdadeiro, levar uma vida íntegra, regida por uma bússola moral muito clara. Mas, naquele momento, conforme eu o vivenciei, alguma coisa queria que eu soubesse disto: *Você está preparado para isso, você vai sem arrependimentos ao encontro da morte, e não há nada com o que se preocupar.*

TRINTA E DOIS

É assim que termina?

Quando entrei em casa depois de voltar do hospital Varberg, não precisei falar nada. Elisabeth percebeu, só de olhar para mim, que nossos piores medos tinham se confirmado. Nós nos abraçamos e choramos sem parar. E isso se repetiu por alguns dias. Em geral, nossos momentos de choro se alternavam. Era como se o nosso pesar soubesse quando o outro estava apto a aguentar e dar apoio.

Na terceira manhã, acordei cedo como sempre e notei que meu coração parecia mais leve. Por volta das seis horas da manhã, um amigo telefonou, então fui até a lavanderia na pontinha dos pés e me sentei no piso ladrilhado para conversar com ele sem acordar Elisabeth. Depois de um tempo, ela apareceu na porta com aquele sorriso suave e me sussurrou um bom-dia. Passamos um bom tempo sem tirar os olhos um do outro. Percebi que o brilho em seu olhar finalmente havia voltado. Aleluia. Nenhuma tempestade dura para sempre. *Isso também há de passar.*

Acabei encontrando uma forma relativamente flexível de lidar com a minha doença. É difícil dizer se foi com base na aceitação ou na negação. Talvez não importe. De um jeito ou de outro, Elisabeth e eu conseguimos adotar uma atitude que parecia adequada. Nenhum de nós estava disposto a aceitar as previsões desanimadoras dos médicos como o único desfecho possível. Queríamos deixar a porta aberta para um milagre. Eu posso morrer antes do fim do ano, ou talvez tenhamos mais vinte maravilhosos anos juntos. Ninguém sabe ao certo. *Pode ser que sim, pode ser que não.* Certa vez, vi uma placa que dizia: "Não dê coisas que você não gostaria de receber. Conselhos, por exemplo." Quando divulguei meu diagnóstico de ELA nas redes sociais, pedi às pessoas que guardassem os conselhos sobre saúde para si mesmas. Mas é claro que mesmo assim recebi vários. E eu entendo. É um sinal de que as pessoas se importam. Mas existe uma categoria de conselhos que simplesmente não consigo compreender, que pode ser exemplificada assim: *Eu sei mais do que você sobre o que causa essa doença. Aqui está o que precisa fazer para melhorar.* A maioria das explicações girava em torno de causas emocionais e psicológicas para minha doença física. Nem consigo descrever o nível de irritação que isso me causava. Tão arrogante. Tão presunçoso. Tão inútil.

Por outro lado, as lições que aprendi como monge foram muito úteis. Afinal de contas, passei dezessete anos praticando não pensar no futuro, não acreditar em cada pensamento meu. Essas habilidades se tornaram ainda mais importantes depois do diagnóstico. Elas me ajudaram a controlar um pouco a sensação de tragédia, me ajudaram a evitar os pensamentos obsessivos sobre acabar em uma cadeira de rodas ou não conseguir mais falar nem engolir. Em vez disso, eu conseguia sentir algo crescendo dentro de mim: uma vontade intensa de viver até o dia derradeiro. Não tenho medo da morte, só não me sinto pronto para deixar de viver.

Logo comecei a achar muito importante normalizar a minha existência da melhor forma possível. Eu não queria *me tornar* minha doença. É muito fácil se transformar em uma vítima em situações assim ou então assumir a identidade do *"doente"*. Tomei cuidado para evitar isso ao máximo. Em parte, talvez esse tenha sido o motivo de eu ter feito aquela turnê depois de ter recebido o diagnóstico. De certa forma, queria que o mundo se lembrasse, e talvez que eu mesmo me lembrasse: *Eu ainda estou aqui. Ainda estou aqui.*

Não é nenhuma surpresa que os sintomas avançados de ELA criam alguns obstáculos práticos, inclusive quando se viaja sozinho. Precisei desenferrujar meu tailandês e pedir a um funcionário do hotel que me ajudasse a abotoar a camisa e a calça. Tive que exercer a confiança quando fui obrigado a pedir ajuda para retirar meu cartão da máquina em um posto de gasolina; quando tive que pedir apoio a um estranho porque calculei mal a distância do meu hotel até o teatro em Linköping; quando tive que pedir a um jovem que puxasse minha mala pelos paralelepípedos porque eu não conseguia mais arrastá-la sozinho; quando precisei de ajuda depois de cair no meio da rua em Lund e bater a cabeça com muita força. A lista é interminável. Mas à medida que preciso de cada vez mais ajuda em questões práticas, também vai ficando mais claro que a maioria de nós gosta de ajudar os outros. Quando surge uma oportunidade de fazer isso, não nos importamos.

No inverno seguinte, pouco mais de um ano depois de receber o diagnóstico, tive duas pneumonias graves. A primeira aconteceu na Costa Rica, no Natal. No fim das contas, o quadro piorou tanto que precisei ser levado às pressas, de avião, para um hospital na capital. Eu me lembro de estar deitado, olhando para as estrelas pelas janelinhas do avião Cessna, lutando para conseguir respirar. *É assim que termina?*, perguntei a mim mesmo.

Seis semanas depois, a pneumonia voltou, mas, dessa vez, eu estava em casa, em Saltsjöbaden. Em um sábado de fevereiro, respirar ficou tão difícil que precisei chamar uma ambulância às três da manhã. Embora eles só tenham demorado dez minutos para chegar, tive tempo de ter o mesmo pensamento: *É assim que termina?*

Os dois episódios foram muito assustadores. O medo não era pela sensação de estar morrendo, mas pela *maneira* de morrer. Asfixia com certeza não está na minha lista de dez formas favoritas de morrer.

Obviamente considerei a possibilidade de me submeter a um suicídio assistido na Suíça caso os sintomas de ELA se tornassem insuportáveis. É bom saber que essa opção existe. Ao mesmo tempo, alguma coisa dentro de mim quer que o processo siga seu curso natural. Como um bom capitão que escolhe afundar com seu navio, alguma coisa dentro de mim não quer desistir antes da hora.

Desde o diagnóstico, meus dias têm sido repletos de muito pesar, mas quase nenhuma raiva. Meu pesar se deve a todas as coisas que não vão mais acontecer, a todas as coisas que vou perder. Pensar que não estarei aqui quando meus enteados tiverem filhos dói tanto que ainda tenho dificuldade de não desmoronar ao falar sobre o assunto. Isso sem mencionar o futuro com minha esposa. Queria muito envelhecer ao lado de Elisabeth.

Mas nunca senti raiva da ELA. Nem de Deus, nem do destino. Ninguém prometeu que eu teria uma vida longa. Nós, seres humanos, somos como folhas de árvores. A maioria delas se mantém nos galhos até que esteja murcha e amarronzada, mas algumas caem quando ainda estão verdes.

TRINTA E TRÊS

Tudo será tirado de você

É claro que é triste sentir meu corpo se debilitar aos poucos enquanto minha psique e minha alma ainda estão intactas. Ser portador de ELA é um pouco como ser obrigado a morar com um ladrão: primeiro, há aquele momento inquietante quando o ladrão se muda para sua casa. O equivalente a isso no mundo da ELA são as punções lombares, a eletromiografia e a neurografia. Imagine uma agulha enorme e várias agulhinhas menores espetando em lugares nada agradáveis e, em geral, acompanhadas por choques elétricos e exames que duram um tempão.

Depois, você começa a notar que as coisas estão desaparecendo da sua casa. O ladrão deve tê-las levado embora. Um dia simplesmente desaparece a sua capacidade de fazer um único abdominal ou uma flexão. Em outro, é a sua capacidade de correr, nadar, remar, andar de bicicleta, lançar, segurar ou levantar. Você precisa se acostumar a pedir ajuda para cortar as unhas, amarrar os sapatos, destrancar portas, fazer um sanduíche, colocar gasolina no carro, abrir garrafas, descascar bananas, colocar pasta de dente na escova. E milhares de outras coisas.

Pouco a pouco, vem a certeza de que o ladrão não ficará satisfeito até ter tirado tudo de você. E de que, de acordo com todo o conhecimento da medicina, não há absolutamente nada que você possa fazer. Felizmente, há mais alguém na casa. A minha Elisabeth. Ela é o equivalente moderno de uma cavaleira medieval da armadura reluzente, que cavalga ao meu lado no calor da batalha. Ela abre o visor do elmo, exibe um lindo sorriso e diz:

— Não tenha medo. Vou estar sempre ao seu lado.

É quando você se dá conta de que, aconteça o que acontecer, vai ficar tudo bem.

Perdi vinte quilos de massa magra em dois anos. Qualquer tentativa de me levantar do sofá é um desafio de força, cujo resultado é desconhecido. Nada que envolva atividade física, nada *mesmo*, é fácil. Nem mesmo tomar uma xícara de chá ou escovar os dentes. E olhe que tenho uma escova elétrica.

Quando budistas meditam, o foco principal é estar no próprio corpo, mas existe uma distinção clara: *não somos* nosso corpo, nós *temos* um corpo. Buda certa vez disse: "Através deste corpo que me acolhe, sinto tudo aquilo que nunca nasceu e aquilo que nunca morre."

A natureza inerente do corpo é adoecer de vez em quando, envelhecer se tivermos sorte e, um dia, morrer. Em algum ponto durante meu treinamento budista, internalizei uma visão bastante realista do que se pode exigir do corpo humano. Às vezes, vejo o corpo como um tipo de traje espacial no qual somos colocados. Recebi este corpo específico, e ele não é tão bom quanto o de outras pessoas. Além disso, parece estar se desgastando um pouco mais rápido. Isso é uma coisa que não tenho como controlar.

Sem saber, a vida que levei como monge estava me preparando, de muitas formas, para a morte. Buda deu grande ênfase ao valor de se lembrar de que todos vamos morrer um dia e, dentro da Tradição das Florestas, levamos isso bem ao pé da letra. Somos expostos diariamente à noção de que a vida humana é impermanente e um dia acabará.

Ao entrar no salão de meditação no nosso mosteiro, a primeira coisa que víamos era um esqueleto humano exposto em um armário de vidro. Havia um buraco no crânio, pois pertencia a uma mulher que tinha dado um tiro na própria cabeça. Na carta de suicídio, ela deixou o corpo para o mosteiro para que pudesse ser usado como um lembrete da mortalidade humana. Ao subir no altar e ir até o fundo, além das duas gigantescas estátuas de bronze de Buda, você encontra cerca de cinquenta caixas de plástico, cada uma contendo os ossos e as cinzas de membros da nossa congregação.

Como já mencionei, nosso mosteiro ficava localizado em um bosque de cremação, e isso significa que organizávamos todos os funerais locais. No início, o clima desses funerais me surpreendeu. As pessoas pareciam muito relaxadas, riam, conversavam e bebiam um montão de refrigerante. Só vi alguém chorar de fato no funeral de uma criança.

Os funerais eram assim: à tarde, os parentes do morto vinham da aldeia empurrando um carrinho de mão com o caixão, cantando por todo o caminho. O caixão era colocado em uma pira, e o corpo era virado de lado. Isso era bem importante porque, se não estivesse de lado, o corpo poderia sair do caixão quando a madeira pegasse fogo. Dizem que isso tem alguma coisa a ver com os tendões.

A tradição determina que o morto fique três dias em um caixão aberto na sala de sua casa antes da cremação, assim todo mundo se acostuma com o fato de que a pessoa já não está mais entre nós. Vale acrescentar aqui que a decomposição natural provocada pelo calor tropical em um corpo não refrigerado também ajuda a tornar a morte bem concreta e nem um pouco abstrata.

Às vezes eu optava por passar a noite toda perto do fogo enquanto o corpo queimava, refletindo sobre a impermanência da vida e a inevitabilidade da morte. Essas meditações sempre acalmavam algo que se inquietava dentro de mim. Acalmavam minha ansiedade. Aquilo me trazia serenidade, me fazia ficar mais aberto e tranquilo, no sentido mais agradável da palavra. Era como se meu corpo reconhecesse a verdade ao vê-la. E uma verdade incômoda nos faz bem, desde que paremos de nos desviar dela.

Quando eu era mais jovem, passava muito tempo me preocupando com diversos aspectos da minha aparência física. Reclamava de todas as coisas que não eram como eu queria que fossem. Mas hoje tenho um relacionamento bem diferente com meu corpo. Ele parece mais um velho amigo. Já faz um bom tempo que estamos juntos nessa jornada. Nenhum de nós dois é jovem. E sinto uma enorme gratidão pelo meu corpo e quero honrá-lo:

Obrigado, corpo, por se esforçar, o tempo todo, todos os dias.

Você está travando uma batalha árdua agora. Eu estou vendo.

Nada é fácil para você agora. Mesmo assim, você ainda faz tudo que pode por mim.

Mesmo sem nem conseguir todo o ar de que precisa.

Estou fazendo tudo que posso para ajudá-lo. E percebo que não é o suficiente. Nem perto disso.

Mesmo assim, você continua lutando, dando tudo o que tem, dia após dia.

Você é o meu herói.

Prometo nunca mais me zangar com você quando outro movimento se tornar impossível.

Prometo escutá-lo mais e melhor do que já o escutei antes.

Prometo não pedir mais do que você pode ou quer me dar.

Peço perdão por todas as vezes que fiz exatamente isso.

Por fim, o mais importante: juro solenemente que, quando você não conseguir mais seguir em frente, vamos fazer o que você desejar.

Quando chegar a hora, vou fazer tudo ao meu alcance para me render e ser grato. Descansar na confiança e na aceitação. E me contentar com a vida incrível que tivemos e sussurrar para você com voz firme e destemida:

"Seja feita a sua vontade, não a minha."

TRINTA E QUATRO

Seja aquilo que você deseja ver no mundo

Meu primeiro abade na Tailândia, Ajahn Passano, não tinha o dom da eloquência e não gostava nem um pouco de fazer sermões. Só fazia porque era o esperado de uma pessoa na sua posição. Mas era lindo observar como se portava no dia a dia. Ver como sempre tinha tempo para todos que se aproximavam, como sempre os tratava com paciência. Alguns visitantes eram bem arrogantes e queriam se gabar do estado espiritual em que se encontravam, da sua mente e do seu sucesso. Alguns chegavam a ser desagradáveis, mas até esses Ajahn Passano tratava com bondade e justiça. Ser o abade de um mosteiro budista e um exemplo para todos nós certamente não é uma tarefa fácil. Mas ele era mesmo um exemplo para mim. Sempre praticava o que ensinava, e todas as suas lições eram reforçadas pelos seus atos. Seu coração estava sempre repleto de boas intenções.

Certa noite, durante o chá, Ajahn Passano começou a filosofar em voz alta. Foi no mesmo dia em que minha mãe perguntou quanto tempo ele havia demorado para ir visitar a família no Canadá, então isso deve ter despertado aquela lembrança específica. Ele começou a descrever a primeira vez que fora para casa em dezesseis anos.

Era Natal, e ele estava na casa dos pais. A família toda tinha se reunido para as festas. Tarde da noite, Ajahn Passano estava sentado à mesa com o primo, que estava tomando uísque. Depois de um tempo, esse primo serviu um segundo copo e empurrou em direção ao monge.

— Aceita um?

— Não, obrigado. Monges e monjas da nossa tradição não podem ingerir bebidas alcoólicas.

— Ah, deixe disso — insistiu o primo. — Ninguém vai saber.

Ajahn Passano olhou para ele e respondeu em voz baixa e sincera:

— *Eu* vou saber.

Eu me lembro de sentir um arrepio na nuca quando ele disse aquilo. Às vezes uma mensagem tem um peso maior para mim quando vem de alguém com quem me sinto seguro, alguém que tem minha confiança e meu respeito. Até as coisas relativamente simples que essas pessoas dizem acabam me tocando profundamente, pois tenho fé na fonte. E, para mim, Ajahn Passano era uma delas. É por isso que aquele momento se tornou um dos mais inspiradores para mim, e o lembrete mais lindo que já tive sobre por que vale a pena levar uma vida íntegra. É *assim* que quero usar a ética. É *assim* que quero assumir a responsabilidade pelo que digo e faço.

Se eu quero viver de forma íntegra, guiado por uma firme bússola moral, não é porque algum livro manda. Nem porque algum tratado religioso velho e empoeirado declara que é o que devo fazer. Não é porque eu quero que os outros me vejam como um homem honrado. Não é porque um ancião de cabelos grisalhos está sentado em seu trono nas nuvens julgando tudo que dizemos e fazemos. É porque eu me lembro!

Eu me lembro das coisas das quais me envergonho, das que tenho medo de que os outros descubram; é assim que sei que fiz algo de errado: *essa* é uma bagagem pesada para se carregar. É muito cansativo levá-la para todos os lados. Imagine se, em vez disso, pudéssemos viajar pela vida sem tantas sombras, sem tantas lembranças dolorosas de uma época em que não agíamos de forma digna.

É aí que está o valor de não enganar os outros para benefício próprio, de não machucar ninguém para obter ganhos pessoais, de não distorcer ou mascarar a verdade para torná-la mais conveniente.

Essas atitudes fazem parte da natureza humana. Fazer isso é fácil na maior parte do tempo. Mas uma coisa linda começa a acontecer quando escolhemos assumir a responsabilidade pelo que dizemos e fazemos. Isso alivia a carga. Não fazemos isso só pelos outros, mas, na maior parte do tempo, por nós mesmos.

Existe uma expressão adorável na Tailândia: "Dourar as costas de Buda." Teve origem na tradição de ir regularmente ao templo com um pedaço de folha de ouro, velas e incenso para meditar por um tempo e, depois, deixar aquelas doações como sinal do respeito pela religião. Quase todas as estátuas de Buda na Tailândia são folheadas a ouro. A expressão significa que você não precisa alardear suas boas ações. Existe algo prazeroso na ideia de colocar a sua folha de ouro nas costas de Buda, onde ninguém vai ver. Especialmente em sentido figurado. Não é importante que todos saibam, só *você*. E você precisa conviver consigo mesmo o tempo todo. Com suas ações e suas lembranças. É como a água da banheira quando tomamos banho. Cabe a nós determinar se ela estará limpa ou suja.

Podemos passar a eternidade discutindo o que é ético e moralmente correto. Os filósofos ponderam sobre essas coisas há milênios. Mas, para mim, tudo se resume a um fato bem simples:

tenho uma consciência. Eu me lembro das coisas que fiz e das coisas que disse. Elas constituem a minha bagagem. E posso escolher o que levar.

Então, pelo que somos responsáveis no âmbito da ética? Não pelos impulsos, isso é bem claro. Todos nós temos impulsos loucos de vez em quando, por mais que a gente finja que não. Certa ocasião, nosso abade nos contou sobre um incidente que ilustra isso muito bem. Aconteceu durante uma eleição presidencial dos Estados Unidos nos anos 1970. Jimmy Carter era um dos favoritos para se tornar o próximo presidente. Em uma entrevista, um jornalista perguntou:

— Você já cometeu adultério?

Jimmy Carter respondeu:

— Nunca com meu corpo, mas muitas vezes na minha imaginação.

A confiança nele despencou. Mas, como nosso professor nos ensinou, se aquela entrevista tivesse acontecido em uma cultura mais esclarecida, a confiança nele teria aumentado. O que poderia ser mais humano? Todos nós conseguimos entender. Os impulsos são primitivos, comportamentos arraigados pelos quais não somos responsáveis.

Por outro lado, é muito bom ver uma pessoa com maturidade o suficiente para controlar os próprios impulsos. Uma pessoa que consegue escolher quais impulsos seguir e quais deve deixar de lado.

Buda coloca isso muito bem: uma pessoa que se responsabiliza por suas ações e palavras, que fala a verdade, que respeita as regras e não fere deliberadamente o próximo é como a lua cheia em uma noite tropical: vai aparecendo lentamente por trás das nuvens para iluminar toda a paisagem.

* * *

Quando eu era jovem, assisti a um faroeste chamado *Pequeno grande homem*. No filme, há um líder indígena chamado Old Lodge Skins. Ele teve uma vida difícil e, certa manhã, ele sai da sua tenda e declara:

— Hoje é um bom dia para morrer.

É assim que quero que a morte chegue. Como uma amiga. Você é bem-vinda aqui, Morte. Você me dá perspectiva e proporção ao sussurrar no meu ouvido: *Tudo termina um dia. Certifique-se de não deixar nenhuma sombra para trás.*

Porque, de repente, a vida acaba. E então será uma questão de como escolhi vivê-la. Quer acreditemos ou não em carma, nossa bagagem provavelmente vai afetar como nos sentimos em relação ao que passou, ao que é e ao que talvez nos aguarde.

Não é coincidência que todas as tradições espirituais enfatizem a importância de lembrar que todos vamos morrer um dia. Vale a pena manter isso em mente ao tomar decisões e seguir com a vida. *Podemos* escolher mostrar o que temos de bonito. Um pouco mais hoje do que ontem. E ainda mais amanhã. A vida humana é curta. Quando realmente entendemos isso, quando paramos de considerar uns aos outros e tudo que temos como algo garantido, então conseguimos levar uma vida diferente.

Não temos como exercer influência sobre todos os desfechos possíveis nem fazer com que tudo saia como a gente quer. Mas podemos escolher agir com as melhores intenções. Podemos assumir a responsabilidade pela qualidade moral das nossas ações e palavras. Isso não é pouco. Tem muita importância. E todos podemos agir assim. Ninguém precisa mudar para que você se torne uma pessoa mais bonita por dentro. É simples assim.

Acredito que uma criança de uns dez anos seja razoavelmente capaz de descrever o que há de bonito no coração humano. Paciência, generosidade, presença, honestidade, empatia, compaixão, consideração, capacidade de ouvir, de ajudar, de perdoar, de compreender, de se colocar no lugar do outro em algumas situações. Não é muito difícil identificar essas qualidades. Mas tenho a sensação de que não é sempre que nossa cultura nos incentiva a expressá-las. Por isso quero dar ênfase a elas. Como um lembrete para se viver de forma íntegra, para externar tudo que temos de mais belo enquanto podemos. Não consigo pensar em nada de que o mundo precise mais nesse momento.

Isso significa que temos que corrigir todos os problemas da humanidade e do mundo? Que temos que nos tornar uma Greta Thunberg ou um Gandhi? Claro que não. Uma pequena minoria entre nós parece já ter nascido assim. Eles gostam de agir em grande escala. E isso é lindo, é bom. Mas escolher agir na sua própria realidade imediata é igualmente valioso. Estar atento aos gestos do dia a dia. Enxergar o milagre das pequenas coisas. Escolher ser um pouco mais paciente, clemente, generoso, honesto e prestativo do que seríamos de acordo com a nossa conveniência ou facilidade. A vida realmente consiste de pequenas coisas, que, juntas, se tornam grandiosas.

Cada vida humana tem seus próprios desafios. Cada um de nós enfrenta encruzilhadas todos os dias: será que devo tomar o caminho mais conveniente ou o mais generoso, bonito, inclusivo e amoroso? No longo prazo, os dois caminhos levam a um destino completamente diferente.

A vida se torna mais fácil e livre quando estamos atentos à nossa bússola moral; sempre vejo provas disso. Não vivemos em um universo indiferente e aleatório. Muito pelo contrário: existe uma ressonância na nossa existência. O universo responde às intenções por trás do que fazemos ou dizemos. O que transmitimos costuma voltar. O mundo não é como é. O mundo é como *você* é. Então, seja aquilo que você quer ver no mundo.

Nunca me esqueço da história de uma garotinha que caminha pela praia na manhã seguinte a uma noite tempestuosa. As ondas trouxeram várias estrelas-do-mar, e a garotinha pega uma e a atira de volta ao oceano. Em seguida, atira outra. De repente, aparece um velho ranzinza.

— Garotinha, o que está fazendo?

— Estou devolvendo as estrelas-do-mar ao oceano para salvá-las.

— Minha criança, deve haver dezenas ou até mesmo centenas de milhares de estrelas-do-mar nesta praia. As poucas que você atirar de volta não farão a menor diferença. Você sabe disso, não sabe?

Sem se deixar abalar, a garotinha pega outra estrela-do-mar e a atira ao mar antes de responder:

— Fez diferença para aquela ali.

Depois de dezessete anos como monge, eu precisava me inteirar sobre todos os livros, filmes, séries de TV e demais sucessos da cultura pop que eu havia perdido naquelas quase duas décadas. Até que me esforcei para ficar a par de tudo. Tem uma série da qual gosto muito, embora seja relativamente recente. Trata-se da série norueguesa *Skam*, que traz um retrato maravilhoso da juventude, inteiramente a partir do ponto de vista dos próprios adolescentes. Os adultos são quase figurantes e raramente aparecem em cena.

Uma das personagens mais brilhantes se chama Noora. É linda por fora e ainda mais por dentro. Ela realmente me cativou. Eu a descreveria como o tipo de amiga que muitos de nós sonhamos em ter, e talvez alguns até tenham tido essa sorte. A amiga que sempre apoia e que está sempre ao seu lado. A amiga que está preparada para sair da própria zona de conforto só para ajudar. A amiga em quem você confia de olhos fechados, pois existe muito amor entre vocês. A amiga que consegue dizer tudo o que você precisa ouvir, mesmo quando você não quer dar ouvidos.

Em uma cena, Noora está secando o cabelo e, na parte esquerda do espelho, há um post-it com os dizeres:

Todo mundo
está travando uma batalha
que você desconhece.
Seja gentil.
Sempre.

TRINTA E CINCO

Pai

A primeira vez que a Morte pousou o dedo ossudo no meu ombro não foi na minha ida ao hospital em Varberg naquele dia chuvoso de setembro de 2018. Na verdade, ela tinha feito isso alguns meses antes, em uma tarde ensolarada no início de junho, na casa de veraneio dos meus pais em Falsterbo. Quando eu passava por aquela porta, os dois sempre faziam com que me sentisse a pessoa mais querida do mundo. Naquele dia não foi diferente. Depois de alguns abraços, notei um clima pesado. Meu pai disse:

— Björn, precisamos lhe contar uma coisa. Vamos nos sentar.

Nós nos sentamos e, como de costume, meu pai foi direto ao assunto:

— Eu tenho uma doença obstrutiva no pulmão, e o relógio está correndo. Eu provavelmente não tenho mais muito tempo de vida.

Ele disse aquilo sem um pingo de drama e, depois, ficou em silêncio. Senti que eu devia falar alguma coisa. Ao mesmo tempo, foi como se minha mente estivesse tomada por um turbilhão. Seria importante dizer alguma coisa sensata. Depois de um tempo pensando, respondi:

— Você teve uma vida boa e longa.

Afinal de contas, meu pai já tinha 84 anos.

Ele deu um tapinha no próprio joelho.

— Eu sabia que você ia entender! — exclamou, antes de acrescentar: — E, Björn, mais uma coisa. Eu não quero ter uma morte lenta e sofrida em um hospital. Quero que as coisas terminem antes que a doença acabe comigo.

Aquilo não soou tão estranho para mim, porque meu pai vinha repetindo isso havia vinte anos. Ele reivindicava o direito de acabar com a própria vida se um dia achasse que ela não valia mais a pena. Durante os anos que passei como monge, eu não podia apoiar aquela decisão por causa das regras que regem a vida monástica. Monges e monjas não têm permissão de encorajar as pessoas a tirar a própria vida em hipótese alguma. Mas agora eu me sentia diferente.

Como o suicídio assistido é ilegal na Suécia e o tempo era curto, meus irmãos e eu começamos a trabalhar imediatamente para realizar o desejo do meu pai. Encontramos uma instituição na Suíça e, no fim do mês, já estava tudo agendado: no dia 26 de julho, meu pai ia morrer, sem sentir dor, com a assistência de um médico na Basileia. É claro que foi bem estranho ter uma data marcada. O tempo nunca tinha parecido mais limitado. O verão de 2018 foi o mais quente de que me lembro, e também o mais triste. Naquelas semanas, meu terapeuta de luto foi o Spotify.

Planejamos levar caixas de som para a Basileia e preparamos playlists regadas a Evert Taube e gaitas de foles escocesas para embalar os últimos momentos do meu pai. Eu reservava um horário bem cedo de manhã, enquanto o mundo ainda dormia, para sentir pesar. Eu costumava me sentar em frente ao computador, me preparando para a partida para a Suíça. De vez em quando, eu fazia uma pausa na organização de todos os documentos médicos, cópias de passaporte, extratos bancários, reservas de passagens e hotel, só para ouvir uma ou duas músicas da lista que preparamos para meu pai. Ainda não consigo ouvir "Amazing Grace" em gaita de foles sem me emocionar. Meu pai também não conseguia.

O dia chegou. Todos nos reunimos no hotel na Suíça: minha mãe, meu pai, meus três irmãos e eu. Fazia ainda mais calor na Basileia do que na Suécia. Agimos como vínhamos fazendo no último mês e meio, vivendo aquela realidade juntos. Em meio aos momentos de felicidade, brincadeiras e nostalgia vinham aqueles em que o porvir pesava tanto que as palavras nos faltavam. Em momentos assim, porém, um gesto valia mais que mil palavras. Ao falar, meu pai se concentrava mais do que o normal em expressar seu apreço e sua gratidão.

Um táxi nos pegou no hotel depois do café da manhã e nos levou para os arredores da Basileia, onde um quarto agradável com uma cama no meio nos aguardava. O médico descreveu tudo que ia acontecer. Meu pai se deitou na cama, e colocaram um tubo intravenoso no braço dele. Em seguida, o médico saiu do quarto para nos dar um pouco de privacidade.

Colocamos as músicas que tínhamos escolhido. A voz de Sven-Bertil Taube encheu o ambiente. Acho que nenhum de nós imaginava que, depois de um mês de sofrimento, ainda nos restariam tantas lágrimas para derramar. Estávamos enganados. Notei que nos alternávamos para chorar. Quem precisava de um ombro para chorar recebia um e, quando se acalmava, olhava em volta para ver se poderia retribuir o gesto para outra pessoa. Em menos de uma hora, enchemos uma lixeira com lenços de papel. Meu pai com certeza era o mais controlado.

Ele e eu sempre tivemos ideias muito diferentes sobre o que acontece depois da morte. Meu pai tinha certeza de que uma cortina preta se baixava e, depois, não havia mais nada. Então, quando o abracei pela última vez, é claro que cochichei no ouvido dele:

— Pai, se você descobrir que existe alguma coisa depois disto aqui, lembre-se de me imaginar dizendo: "Eu bem que avisei!"

Ele deu uma gargalhada.

Todo mundo teve um último momento com ele. Minha mãe se despediu com um enorme buquê de rosas amarelas, a flor favorita do meu pai. Depois de sessenta anos de amor inabalável, não havia muito o que dizer entre si. Nunca vou me esquecer do jeito que se olharam quando agradeceram um ao outro por tudo. Com amor, é claro, mas também com um respeito que tive o enorme privilégio de ver entre eles durante minha vida inteira. É como se nunca tivessem deixado de dar valor um ao outro.

Quando chegou a hora de chamar o médico de volta, senti que estávamos tão prontos quanto se pode estar diante de uma situação impossível como aquela. Tínhamos passado o último mês nos despedindo e dizendo tudo que queríamos dizer um para o outro. Nós nos sentamos em volta da cama, nos abraçando e o abraçando. O médico ficou atrás do suporte do soro. Meu pai olhou para cada um de nós nos olhos. Um de cada vez.

Então, ele abriu o acesso.

Fomos informados de que levaria entre trinta e quarenta segundos para ele morrer. Passaram-se dois minutos. Então, meu pai olhou para o médico e perguntou:

— Ei, Christian, tem certeza de que colocou a dosagem certa nesse soro?

Todos nós rimos, é claro.

Então, algo intenso apareceu nos olhos do meu pai. Ele se virou para mim e para os meus irmãos e disse suas últimas palavras. Uma repreensão amorosa que era a cara dele. Acho que nenhum de nós jamais vai esquecer aquelas palavras.

Alguns segundos depois, no meio de "Linnéa", de Evert Taube, todos os músculos do corpo do meu pai pararam de funcionar ao mesmo tempo. Foi uma morte instantânea. Notei uma expressão inesperada no rosto gentil e sincero do meu pai. Uma surpresa total. Como se fosse criança. Como se nunca tivesse imaginado, nem nos sonhos mais loucos, que era aquilo que acontecia na morte.

Era como se a própria vida tivesse prendido a respiração nos primeiros momentos depois que meu pai morreu. Tudo simplesmente parou. O médico saiu do quarto, e olhamos para o meu pai e uns para os outros. Ninguém sabia bem o que dizer. Foi um momento muito solene. As palavras pareciam insignificantes. Por fim, alguém fechou os olhos dele. Minha mãe acariciou aquelas sobrancelhas grossas com ternura. Alguns deram tapinhas por cima do cobertor. A luz do quarto parecia intensamente amarelada por causa das rosas, do papel de parede, das cortinas e do sol brilhando lá fora.

Tudo que tinha se tornado tão difícil para o meu pai, a respiração, a tosse, a fraqueza, havia acabado naquele momento. E tinha sido como ele queria.

Aos poucos, voltamos a conversar, como se um feitiço estivesse se dissipando lentamente. Nunca conversei com a minha família sobre isso, mas tive a sensação de que o espírito do meu pai só o deixou depois de meia hora de sua morte. Foi um instante muito específico, e, passado aquele momento, só restava o corpo dele.

Nosso pai, o companheiro de vida da minha mãe, não estava mais entre nós.

Por fim, minha mãe e meus irmãos voltaram para a Basileia. Eu me ofereci para ficar. Alguém tinha que fazer isso, e, como eu tinha passado meus dois últimos anos como monge na Suíça, meu alemão daria para o gasto.

Quando fiquei a sós com o corpo do meu pai, acendi uma vela e fiz três reverências antes de começar a entoar bênçãos e cânticos dos quais eu realmente gostava. Quando ainda era monge budista, eu os entoara para centenas de corpos junto com meus amigos monges e monjas para facilitar a passagem das almas. Claro que, antes de meu pai morrer, eu tinha pedido sua permissão para fazer aquilo. Naquela mesma hora, as bênçãos estavam sendo entoadas ao meu pai em oito ou nove mosteiros budistas em quatro continentes.

Depois, meditei por um tempo, concentrando-me em ajudar meu pai durante a passagem para o além e me lembrando de que o meu corpo, assim como o de todos nós, um dia teria o mesmo destino que o dele. E de que nenhum de nós sabe quanto tempo ainda nos resta na ampulheta da vida.

TRINTA E SEIS

Perdão

Acho que só quando deparamos com a morte entendemos que não teremos uns aos outros para sempre. No nível intelectual, é claro, todos temos consciência de que vamos morrer um dia. Mas é um esforço de uma vida inteira para fazer com que esse conhecimento e essa percepção não fiquem apenas na nossa mente, mas que sejam internalizados por todo o nosso ser — um esforço que vale a pena.

O que acontece quando paramos de enxergar a vida como uma coisa garantida? O que acontece quando compreendemos genuinamente, com todo o nosso ser, que não teremos uns aos outros para sempre? Nós não aceitamos mais viver por meias medidas. Um dia, vamos ter que nos despedir de pessoas que significam alguma coisa para nós. Nossa única certeza é que não teremos uns aos outros para sempre. Todo o resto é um *talvez*. E quando temos isso em mente, percebemos que só existe uma atitude a ser adotada perante os outros e a própria vida: ser gentil.

Precisa pedir desculpas a alguém? Não espere.

Você é a única pessoa capaz de dizer a alguém as palavras que ele precisa ouvir? Não fique em silêncio.

Você tem algum arrependimento que pode consertar? Faça isso.

Passou por alguma coisa e sente que não consegue perdoar? Às vezes a vida é assim mesmo. Mas em outras pode ser útil imaginar que, se você nascesse com o mesmo DNA, o mesmo carma, os mesmos códigos que os outros, se fosse criado exatamente do mesmo jeito, com as mesmas pessoas à sua volta, então provavelmente teria agido exatamente como aqueles que o chatearam.

Não estou negando que existe um mal neste mundo que ultrapassa a nossa compreensão. Mas não é a isso que me refiro. Mesmo na nossa vida "normal", deparamos com atos insensíveis que merecem a mais absoluta condenação. Podemos condenar esses atos, mas não precisamos fechar o nosso coração para a *pessoa* que os cometeu. Saber separar a pessoa de seus atos denota o quanto avançamos enquanto seres humanos. Interessar-se por crescer no amor, simplesmente pela beleza de se conectar com os outros por meio da ternura, não faz de você uma pessoa fraca. Você ainda será perfeitamente capaz de se impor quando alguém for longe demais ou agir de má-fé. Mas pode separar o ato da pessoa.

Ler essas coisas provoca algum tipo de nervosismo em você? Existe alguém na sua vida que você se recusa a deixar voltar para o seu coração? Isso é completamente compreensível. A reconciliação e o perdão não são coisas fáceis. Mas, por favor, tente manter a cabeça fria e ser objetivo ao avaliar os efeitos dos seus sentimentos. O que acontece quando você fecha seu coração para alguém? *Aquela pessoa* pode não ter sido visivelmente prejudicada, mas *você*, sim. Isso o diminui um pouco. Planta sementes de amargura em seu âmago. E se a pessoa que você não consegue perdoar não sai da sua cabeça, a amargura pode crescer a ponto de realmente prejudicar você, sem que a outra pessoa seja punida.

Sempre tive fascínio pelos soldados japoneses no Pacífico que se recusaram a acreditar que a Segunda Guerra Mundial tinha acabado. Alguns permaneceram no posto por décadas depois da restauração da paz, com armas em riste. Não iam permitir que ninguém os enganasse e os fizesse acreditar que a guerra tinha acabado. *Nada* os faria se render!

Nós também agimos assim às vezes. Estamos tão concentrados na batalha que não avistamos as bandeiras brancas. Mas, no fim das contas, percebemos que *a guerra acabou*. Já acabou há muito tempo. E fazer as pazes com nós mesmos é o mais importante de tudo. Quando chegamos lá, muitas coisas se encaixam, de forma natural e espontânea.

Adoro esta imagem: *A guerra acabou. Levante a bandeira branca*. Este é o único lugar em que a reconciliação pode começar. Não podemos esperar que o outro esteja pronto para perdoar, reconciliar-se e seguir com a própria vida.

Isso é onde tudo começa e onde tudo termina.

Algumas vezes, uma certa lembrança dos meus primeiros anos como monge me vem à cabeça. Um incidente que foi um exemplo muito claro do mecanismo de nosso desprendimento das injustiças.

Todo ano em janeiro, fazíamos uma celebração em memória de Ajahn Chah, fundador do nosso mosteiro e um monge muito importante na Tradição das Florestas. Celebrávamos a passagem do grande mestre no seu aniversário de morte, como manda a tradição. Ele morreu apenas doze dias após a minha chegada ao mosteiro. Essa cerimônia era realizada no mundo inteiro, e todos os anos monges e monjas vinham de diversos países para celebrar a data conosco. Um monge mais velho, vindo da Inglaterra, sempre comparecia. Todos nós tínhamos dificuldades para lidar com ele. Então, um pouco antes de sua chegada, nosso professor nos disse algo do tipo:

— Tudo bem. Vamos nos certificar de dar a ele um tratamento cinco estrelas. Ele só ficará conosco por alguns poucos dias, e vamos fazer com que se sinta um mestre amado.

Era um sentimento bonito, que reverberou em todos nós. Estávamos para receber uma pessoa que tinha problemas em manter outros monges por perto, de difícil convivência, um excêntrico, e íamos nos esforçar. E foi o que fizemos.

Uma noite, eu estava com o monge mais velho do lado de fora da cabana dele, massageando seus pés. A cultura da massagem era bem forte na nossa tradição, e costumávamos massagear os pés uns dos outros. Em geral, monges mais jovens massageavam os pés de monges mais velhos. Era como uma desculpa para passar um tempo com eles e ouvir as histórias e as pérolas de sabedoria. No início, os ocidentais geralmente estranhavam um pouco, mas, para os tailandeses, que vivem em uma cultura muito mais tátil, aquilo parecia mais natural.

Já tinham me contado que Ajahn Chah, que era tailandês, certa vez perguntara a um monge ocidental mais velho, Ajahn Sumedho, se ele já tinha massageado os pés do pai. Ajahn Sumedho, americano nascido em 1934, respondeu com nojo:

— Mas é claro que não!

E Ajahn Chah declarou com calma:

— Talvez seja por isso que você tenha tantos problemas.

Então lá estava eu, sentado com meu pedaço de pano, um frasco de óleo e o bastão de massagem que eu mesmo tinha feito (para usar apenas nos pés!). E estávamos tendo um momento muito agradável, daquele jeito típico dos monges. O monge inglês começou a me contar sobre os bons e velhos tempos, sobre os mestres que tinha conhecido e as aventuras que tinha vivido. Foi tudo muito agradável. Então um nome foi mencionado. O nome de um outro monge mais velho da nossa tradição. A postura do monge inglês mudou completamente. De súbito, ele ficou muito zangado, ríspido, indignado e amargo. Começou a me contar sobre todas as coisas erradas que aquele monge tinha feito muitos anos antes e como aquilo era injusto. Jovem e ingênuo que eu era, respondi alguma coisa do tipo:

— Tudo bem, mas já faz vinte e dois anos... Será que não é melhor deixar isso pra lá?

Aproveito a deixa para dar um conselho: nunca diga a uma pessoa que está chateada para deixar alguma coisa pra lá. Isso raramente é bem recebido e quase nunca tem o efeito desejado. Só devemos dizer isso para nós mesmos, pois é a única ocasião em que realmente funciona. Mas eu ainda não tinha aprendido essa lição. Minha palavras não tiveram o efeito desejado. A amargura do monge inglês não diminuiu nem um pouco. Talvez tenha até *aumentado*.

Depois que saí da cabana dele, passei um tempo pensando no que realmente tinha acontecido. Acho que o monge zangado se lembrava quase todos os dias de todas as injustiças que *acreditava* que tinham sido cometidas contra ele e, ao pensar nelas com tanta frequência, as mantinha frescas na memória, como se tivessem acontecido anteontem. Era como se a amargura dele estivesse "on-line", por assim dizer, acessível em todos os momentos, 24 horas por dia, sete dias por semana.

Existe algo digno de nota a esse respeito. Explica como o perdão pode ser a chave para a liberdade. Reconciliar-nos com o que aconteceu não é uma tentativa de ser superior como pessoa, e sim de proteger o nosso bem-estar mental e escolher quais sentimentos vão ocupar nossa mente.

Um dos meus monges favoritos da Tradição das Florestas foi um tailandês chamado Luang Por Doon. Ele era muito inteligente e, ao mesmo tempo, tinha uma profunda experiência meditativa. O rei e a rainha da época eram discípulos dele e o visitavam com frequência para lhe dar presentes e fazer perguntas. Certa ocasião, o rei perguntou respeitosamente:

— Luang Por Doon, você se zanga?

Era um assunto delicado, porque, nas religiões orientais, a serenidade é considerada muito importante. Julgam admirável não se deixar levar por reações e emoções arrebatadoras. Luang Por Doon respondeu em tailandês:

— *Mee, date mai aow.*

Isso significa algo do tipo: "A raiva aparece, mas não encontra um lugar para ocupar."

Gosto dessa história porque ilustra como pode ser a vida quando nosso interior é grande o suficiente para conter tudo o que sentimos. Não é que deixamos de experenciar aqueles sentimentos que consideramos negativos ou difíceis. Apenas paramos de nos identificar com eles; não permitimos que ocupem uma parte de nós. Dessa forma, não conseguem mais nos preocupar nem nos impelir a fazer coisas das quais nos arrependeremos depois.

TRINTA E SETE

Da superficialidade
à sinceridade

À s vezes, quando as pessoas ouvem a minha história, dizem algo do tipo: "Imagine só quantas coisas você deve ter aprendido!" Pode ser que sim, mas não sinto que carrego comigo uma bagagem cheia de sabedoria milenar. Na verdade, é o contrário. Faço minha jornada pela vida com menos bagagem que nunca. Menos espaço para mim e mais para a vida. Isso me tornou mais sábio, mas também mais parecido com o Ursinho Pooh do que com o Coelho. Hoje em dia, a consciência é a única coisa em que confio quando a vida fica tempestuosa. Eu me esforço para deixar de lado a minha resistência em relação a sentimentos difíceis. Em vez disso, tento lhes dar as boas-vindas, respirar com eles e ser um pouco mais como o Pai Mumin quando ele olha para o mar e diz: "A tempestade está chegando, meus filhos. Venham, vamos sair com o barco!"

Aos poucos, entendi que posso dar ouvidos a uma voz mais sábia, que posso dançar com a vida, em vez de tentar controlá-la. Que posso viver minha vida com a mão aberta, e não com os punhos cerrados de medo. De forma alguma quero passar a impressão de que é preciso viver dezessete anos como monge ou monja para se ter acesso ao tipo de conhecimento do qual estou falando. Todos nós o temos bem mais perto do que isso.

Existe um ditado no hinduísmo que diz: *Deus escondeu as joias mais preciosas onde sabia que você jamais procuraria: no seu bolso.*

Recebi um lembrete maravilhoso disso em uma noite no mosteiro na Tailândia. Depois da nossa meditação noturna, Ajahn Jayasaro decidiu dar um sermão espontâneo, como gostava de fazer uma ou duas vezes por semana. Naquela noite em particular, ele nos contou sobre uma entrevista da BBC com o rei tailandês. O jornalista britânico perguntara ao rei o que ele achava da ideia ocidental e cristã do pecado original. E a resposta do rei foi adorável:

"Como budistas, não acreditamos no pecado original, e sim na pureza original."

Ao ouvir aquilo, estremeci na almofada de meditação. E se aquela voz dentro de mim, aquela que vivia cochichando que eu não sou bom o suficiente, estivesse errada?

E se, em vez disso, a verdade for aquela que tantas tradições religiosas e espirituais sempre afirmaram: que o âmago, aquela parte indestrutível de uma pessoa, é completamente inocente e livre de problemas? Sempre foi e sempre será.

TRINTA E OITO

É aqui que termina

Enquanto escrevo este livro, a pandemia do coronavírus assola a Suécia e grande parte do mundo. Por conta da minha doença, obviamente foi necessário um isolamento completo. Um dos lados positivos da quarentena foi que comecei a usar o FaceTime para conversar duas vezes por mês com o meu melhor amigo monge Ajahn Sucitto, que está na Inglaterra. Outro dia, ele leu para mim um conto sul-africano. A cena final consistia em um gesto comovente de generosidade entre dois completos estranhos.

Como Ajahn Sucitto é uma das pessoas com o maior coração que já tive a honra de conhecer, a história realmente me emocionou. Entre uma lágrima e outra, consegui dizer algo do tipo:

— Hoje em dia, gestos como este são o que realmente importa!

Ajahn Sucitto respondeu com tranquilidade:

— Não só hoje em dia. Sempre. É que uma parcela das bobagens superficiais saiu de cena por conta da pandemia, tornando tudo muito mais óbvio.

No meu caso, aquela pergunta se tornara ainda mais urgente, é claro: *O que é importante para mim agora? Importante de verdade?*

Tornou-se menos importante tentar agradar os outros. Antes, sempre atribuí mais importância a isso do que deveria.

Tornou-se mais importante expressar minha gratidão. Porque a maioria das pessoas é como eu: elas não fazem ideia do quanto são apreciadas.

Tornou-se mais importante viver o aqui e o agora, em todos os momentos, em vez de me perder em pensamentos de como as coisas deveriam ser ou poderiam ter sido.

Meu círculo de convivência diminuiu. Eu me concentro mais nas pessoas mais próximas a mim. Quero me certificar de que saibam o quanto gosto delas.

Brincar se tornou cada vez mais importante. Ter opiniões, menos. Amo a resposta que Ajahn Chah, o lendário monge da Tradição das Florestas, deu quando lhe perguntaram:

— Qual é o maior obstáculo na jornada de esclarecimento dos seus discípulos ocidentais?

Com perspicácia, ele respondeu com uma única palavra:

— Opiniões.

Ser um bom amigo para mim mesmo nunca foi tão importante quanto agora. É aí que a coisa aperta. Chegou a hora de me ouvir com gentileza. De falar comigo mesmo de forma afetuosa. De me tratar com a mesma paciência que ofereço aos outros em um bom dia. Lidar comigo mesmo com mais humor.

Meditar todas as manhãs com Elisabeth é importante para mim. Deixar todos os meus pensamentos de lado a cada inspiração e, em vez disso, me voltar para o que está dentro de mim desde antes de eu nascer e que vai continuar depois que o resto de mim morrer.

Enxergo essa rotina como algo que desejei toda a minha vida, sem saber o que era. Como se alguém, desde que me entendo por gente, estivesse sentado no meu ombro, sussurrando no meu ouvido: *Volte para casa!*

Mas como encontrar o caminho de volta para casa? A melhor resposta que já encontrei para essa pergunta foi a de Meister Eckhart, um padre alemão do século XIV que supostamente era esclarecido. Depois de um sermão de domingo, um idoso da congregação se aproximou dele e disse:

— Meister Eckhart, o senhor claramente já encontrou Deus. Por favor, ajude-me a conhecer Deus como o senhor conhece. Mas o seu conselho deve ser breve e simples, já que minha memória não anda nada boa.

— É muito simples — respondeu calmamente Meister Eckhart. — Para encontrar Deus do mesmo jeito que eu, basta compreender bem quem está usando os seus olhos para procurá-lo.

Certo dia, alguns anos depois de iniciar minha vida monástica, eu estava meditando enquanto percorria o caminho de meditação do lado de fora da minha cabana de bambu na floresta. Ao mesmo tempo, estava ouvindo um sermão de um monge chamado Ajahn Brahm. Ele estava discorrendo sobre a morte e, em determinado momento, declarou:

— Quando a minha hora chegar, espero que seja como sair no ar frio da noite, feliz e encantado depois de um show incrível do Led Zeppelin.

Eu soube exatamente o que ele quis dizer. Agora que me aproximo do meu último suspiro, talvez um pouco mais cedo do que eu esperava, também sinto algo semelhante. Felizmente, consigo olhar para minha vida sem um pingo de arrependimento nem ansiedade e, com uma mistura irresistível de perplexidade e gratidão, dizer:

Uau! Que jornada! Que aventura eu vivi! Quem poderia imaginar?! Como é possível que eu tenha vivenciado tanta coisa? Sinto que vivi três vidas em uma.

Como é possível que eu sempre me encontre na companhia de pessoas mais sábias e com um coração maior do que o meu?

Como é possível que eu não tenha me dado mal com mais frequência, considerando as coisas irresponsáveis e inegavelmente perigosas que já fiz?

Por que será que tanta gente gosta tanto de mim?

Como as coisas deram tão certo para mim quando eu nem ao menos tinha um plano?

Luang Por Jun foi um monge sábio e adorável. Quase no fim da sua longa vida, recebeu o diagnóstico de um tipo bem agressivo de câncer de fígado. Suas chances de sobreviver eram mínimas. Ainda assim, o médico lhe apresentou um plano longo e complexo de tratamento que envolvia radioterapia, quimioterapia e cirurgia. Quando o médico terminou de falar, Luang Por Jun voltou seu olhar caloroso e destemido para o amigo monge que o acompanhava e perguntou:

— Médicos não morrem?

Eu soube da história depois do fato, e ela ficou comigo e me tocou.

Por que a narrativa dominante na nossa cultura, quando o assunto é a morte, é toda essa história de batalha heroica, resistência e negação? Por que a morte costuma ser vista como um inimigo a ser derrotado? Como um insulto ou um fracasso? Não gosto de pensar na morte como o oposto de vida, mas sim como o oposto de nascimento. E é óbvio que não tenho como provar, mas sempre tive uma convicção inata de que existe alguma coisa do outro lado. Às vezes, até sinto que uma aventura maravilhosa está esperando por mim.

No dia em que eu der meu último suspiro, seja quando for, por favor, não me peça para lutar. Em vez disso, faça tudo que puder para me ajudar a partir. Diga-me que vai ficar bem, que vai estar ao meu lado. Ajude-me a recordar tudo que temos para agradecer. Mostre-me as mãos abertas, para que eu me lembre do que quero sentir quando chegar a hora.

Elisabeth, se a essa altura você ainda não estiver na cama comigo, deite-se ao meu lado e me abrace. Olhe para mim. Quero que a última coisa que eu veja nesta vida sejam seus olhos.

Agradecimentos

Considerando as circunstâncias, não é culpa sua achar que acabou de ler um livro escrito por mim. Realmente gosto da ideia de ser alguém que já escreveu um livro. O ato de escrever o livro, por outro lado, me parece bem menos atraente. Em sinal de fé, a Bonnier me ofereceu um contrato para escrever um livro em 2011, depois fez outra tentativa em 2016. Mas o bloqueio de escrita e o perfeccionismo se mostraram oponentes formidáveis e me venceram nessas duas vezes.

Recusando-se a admitir a derrota, porém, a Bonnier enviou seu patrulheiro e perseguidor mais insistente, Martin Ransgart, para me convencer. Eu estava no meio da turnê "As chaves para a liberdade" e já tinha desistido da ideia de escrever um livro. Mas Martin foi implacável. Ele aparecia nos auditórios em que eu estava palestrando, em estreias de filmes, enviava mensagens de texto, me ligava e mandava e-mails e mensagens pelo Facebook. No fim das contas, senti que toda aquela persistência precisava ser recompensada e acabei aceitando. Mas deixei claro que precisaria de ajuda.

Este livro se deve mais à minha parceira de turnê, Caroline Bankler, do que a qualquer outra pessoa. Com seu brilhantismo linguístico e sua compreensão intuitiva de como eu me expresso, ela escreveu o livro inteiro na primeira pessoa do singular e de forma incrivelmente rápida e habilidosa. Depois, meu parceiro de podcast Navid Modiri tornou o livro ainda mais divertido e aprimorou a experiência de leitura ao mudar algumas partes de lugar e sugerir alguns títulos. Feito isso, Caroline e eu sugerimos mais algumas mudanças para preservar as características do livro. Ingemar E. Nilsson, o editor da Bonnier, foi inestimável no processo de edição, compartilhando generosamente sua competência, sua criatividade e seu calor humano. Linus Lindgren fez grande parte do trabalho pesado de curadoria e transcrição de incontáveis episódios de podcast, palestras e meditações guiadas, e duas aparições no programa *Sommar* da rádio Sveriges.

Então, ainda não posso dizer que escrevi um livro. Foi Caroline que escreveu este. Navid, Ingemar, Martin, Linus e eu só ajudamos da melhor forma que pudemos.

Eu só espero que o livro fale por si só e que toque você de alguma forma. Espero que você escolha relê-lo de vez em quando. Que algumas passagens e ideias se tornem suas companheiras de vida. Que este livro possa ser um amigo, algo que ofereça diversão e estímulo quando tudo estiver bem, e que conforte você e restaure a sua fé quando estiver diante de circunstâncias mais desafiadoras.

Obrigado por ter fé em mim.

Com carinho ininterrupto,

Björn Natthiko Lindeblad

Obrigada, mãe, Emma, Malin, Victor, Johan, Johanna e, acima de tudo, você, meu querido Fredrik! Você sabe por quê. Obrigada também a Martin por sua persistência implacável, a Ingemar pela infinita paciência e a Navid pela incansável convicção de que tudo daria certo no final. Entre outras coisas. Por fim e mais importante, obrigada, Björn, pela maior prova de fé e confiança que alguém já depositou em mim. E por tudo que vivemos no caminho. Você abalou o meu mundo.

Caroline

Obrigado, Björn, por sua sabedoria, sua confiança e por ser uma das pessoas mais especiais que já tive o prazer de conhecer. Obrigado, Caroline, por sua constância, seu capricho incomparável e seu olhar inflexível para a qualidade. Obrigado, Martin, Ingemar e todos da Bonnier. Obrigado a você, Linus, pela enorme dedicação e pelas incontáveis horas de escuta, transcrição e paciência. Obrigado, Amy, Howard e Adyashanti pelo apoio e pelas palavras de incentivo nesta jornada.

Navid

1ª edição	OUTUBRO DE 2022
impressão	IMPRENSA DA FÉ
papel de miolo	PÓLEN NATURAL $70G/M^2$
papel de capa	CARTÃO SUPREMO ALTA ALVURA $250G/M^2$
tipografia	DANTE